INDICE

1. Junto a la cruz de Cristo.....1
2. Al contemplar la cruz....... 11
3. Venid fieles todos..........15
4. Alma bendice al Señor.......23
5. Jamás se dice adios allá.....29
6. Oh, tu fidelidad............31
7. Tengo un hogar celestial.....37
8. Señor, yo te conozco........42
9. Dulce nombre es Cristo.......44

JUNTO A LA CRUZ DE CRISTO

G. Paul S
Frederick C. Marker

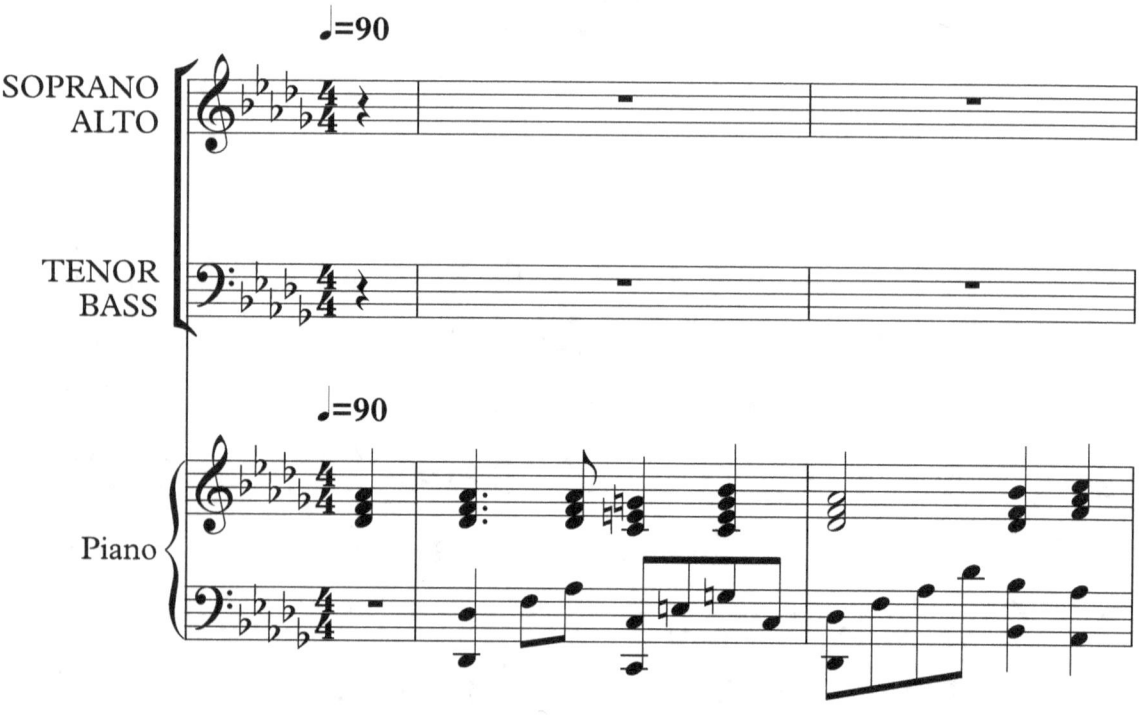

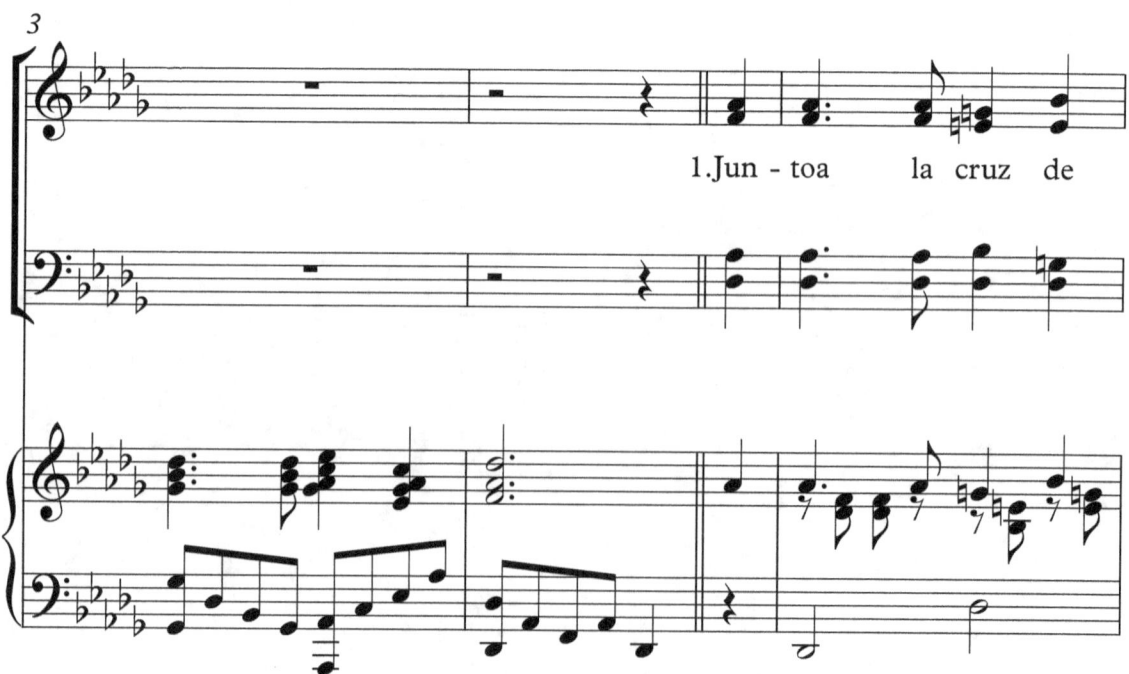

Copyright © 1979 by Rolando M. González. All rights are reserved

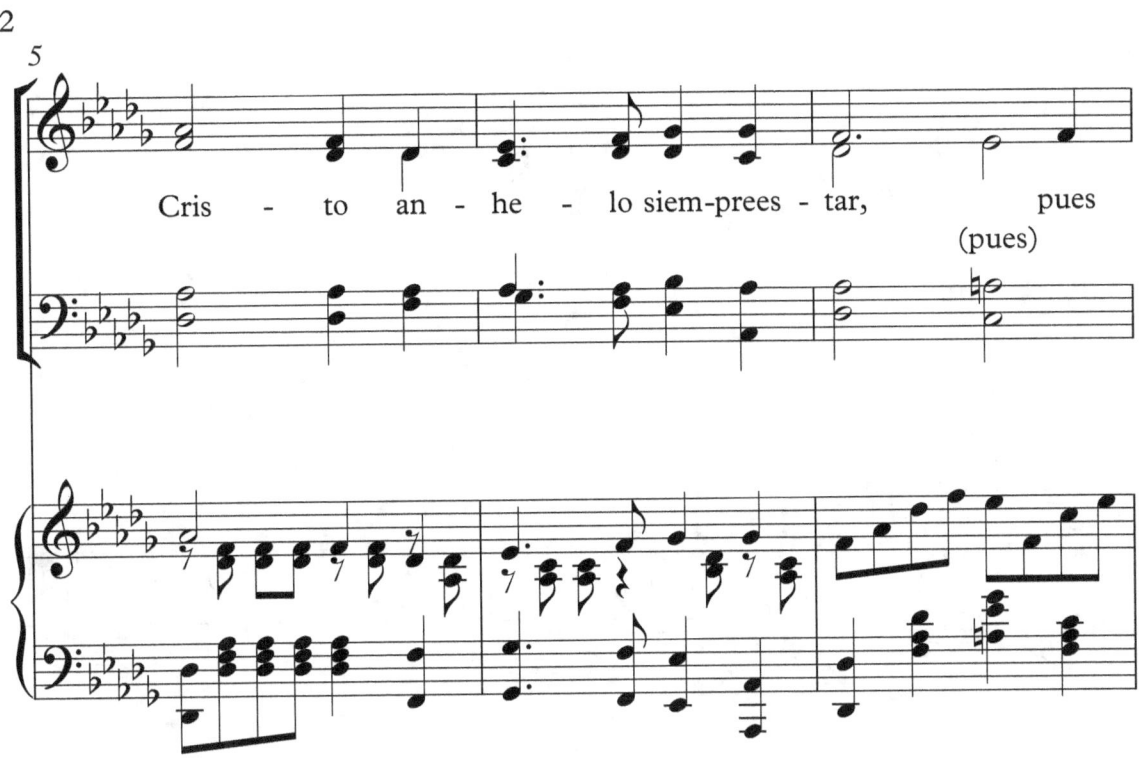
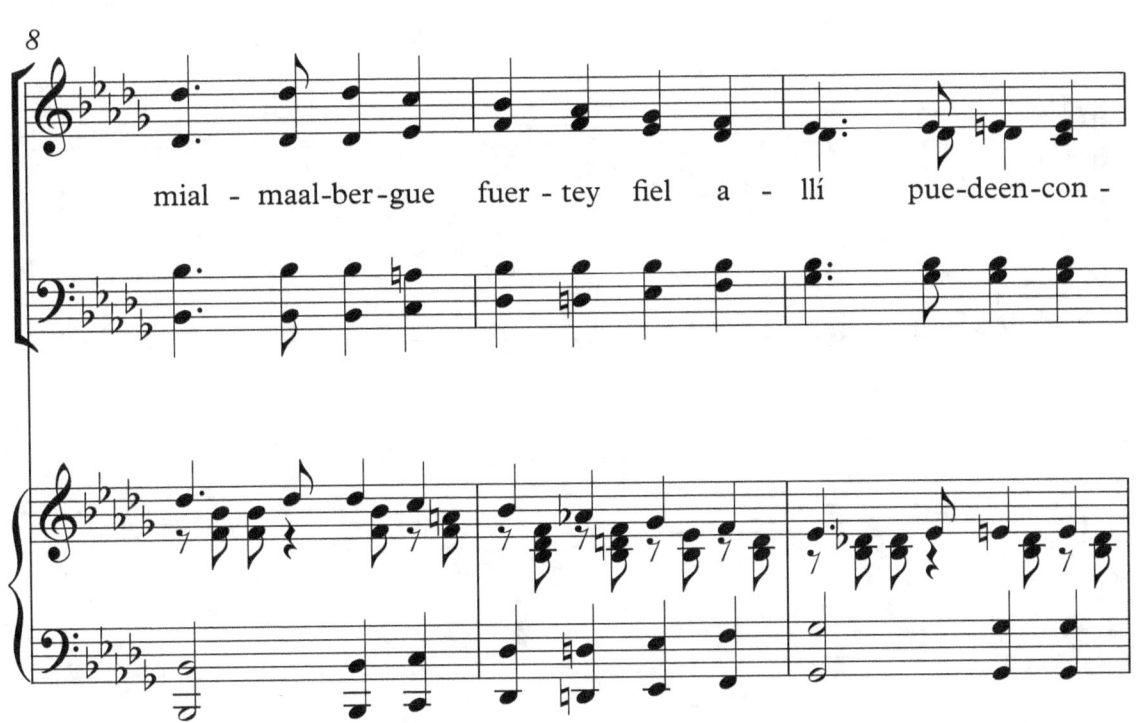

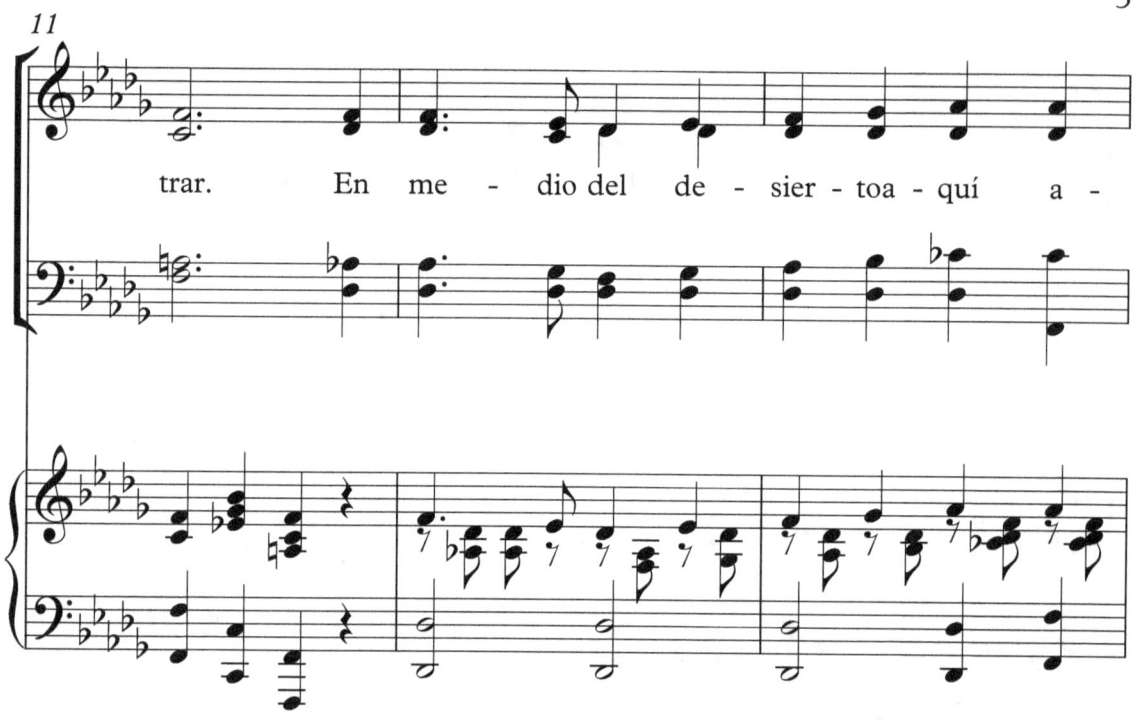
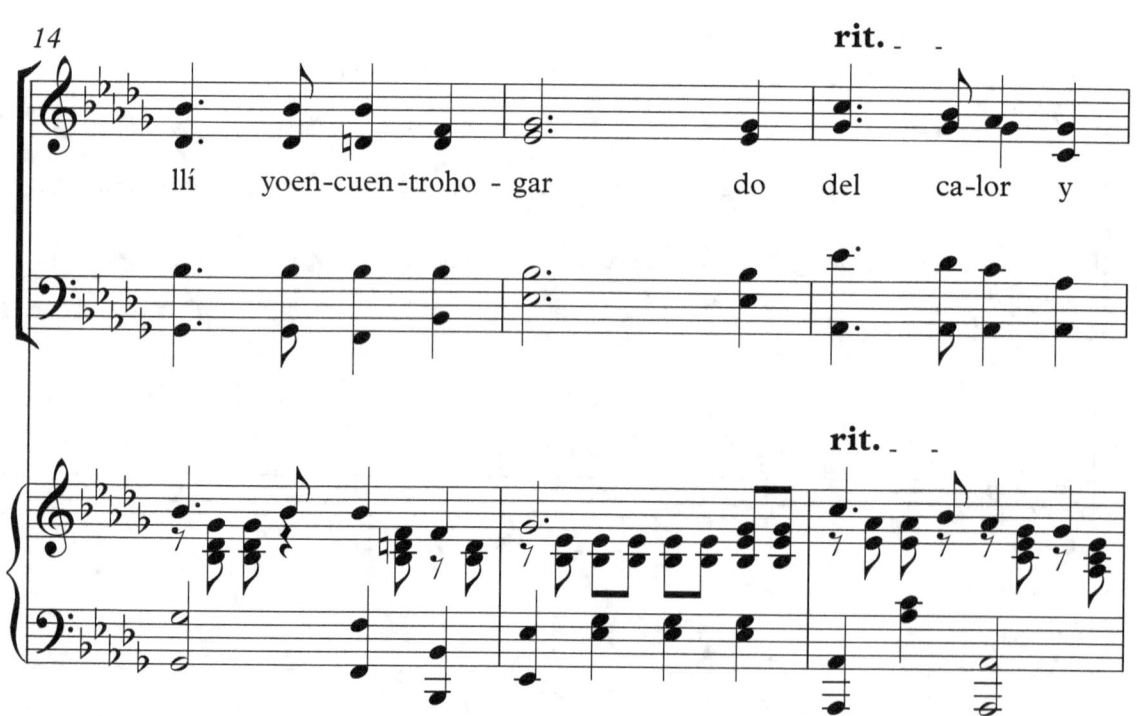

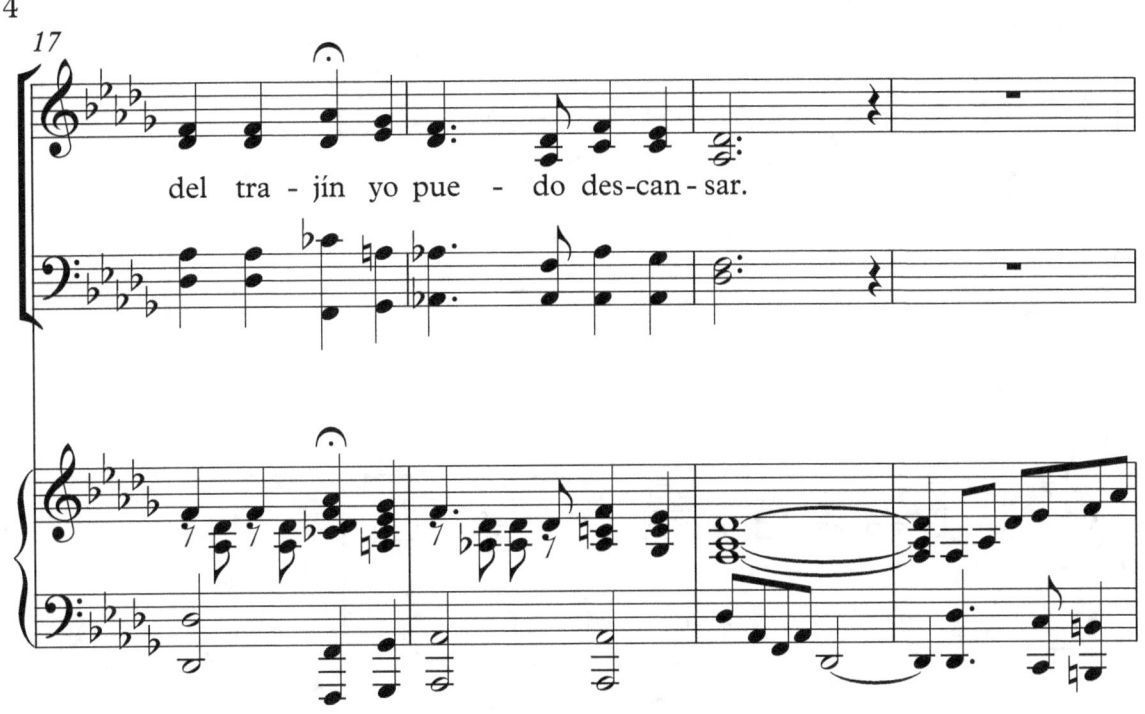
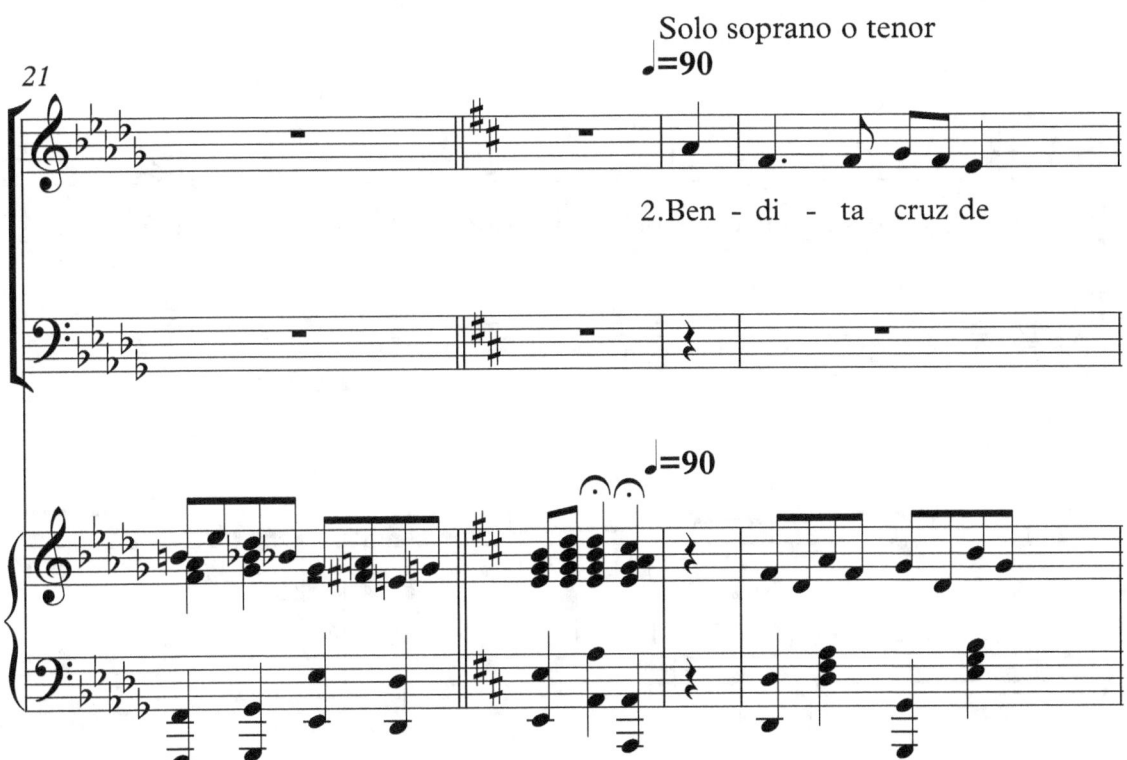

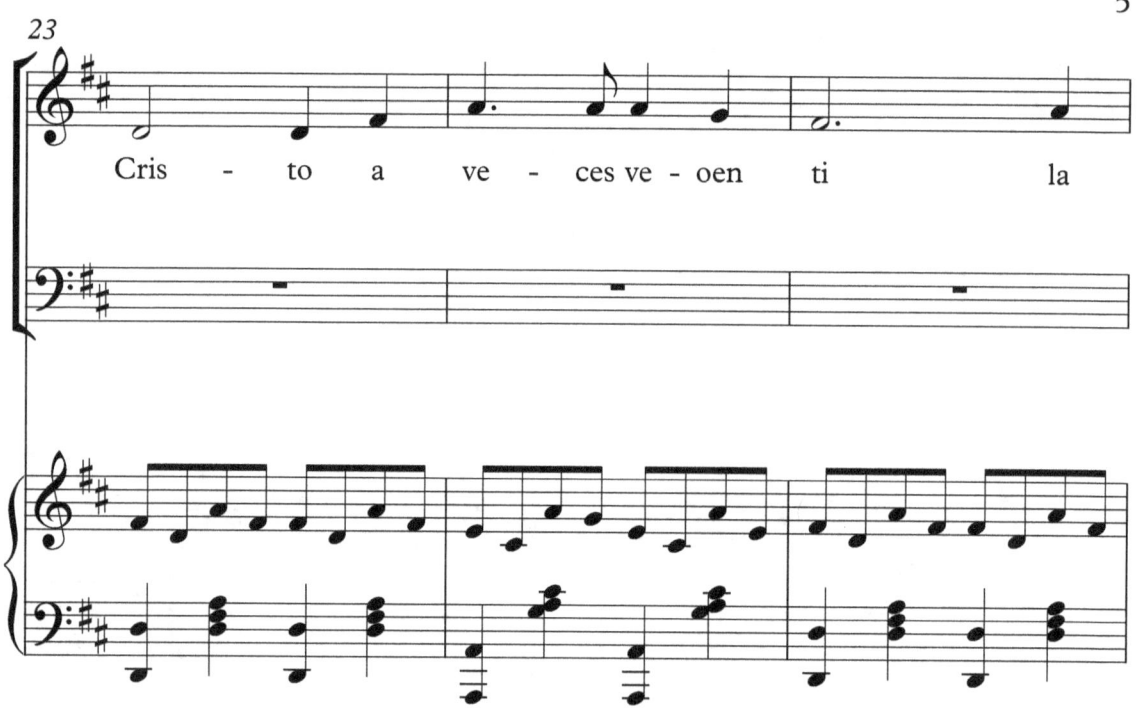
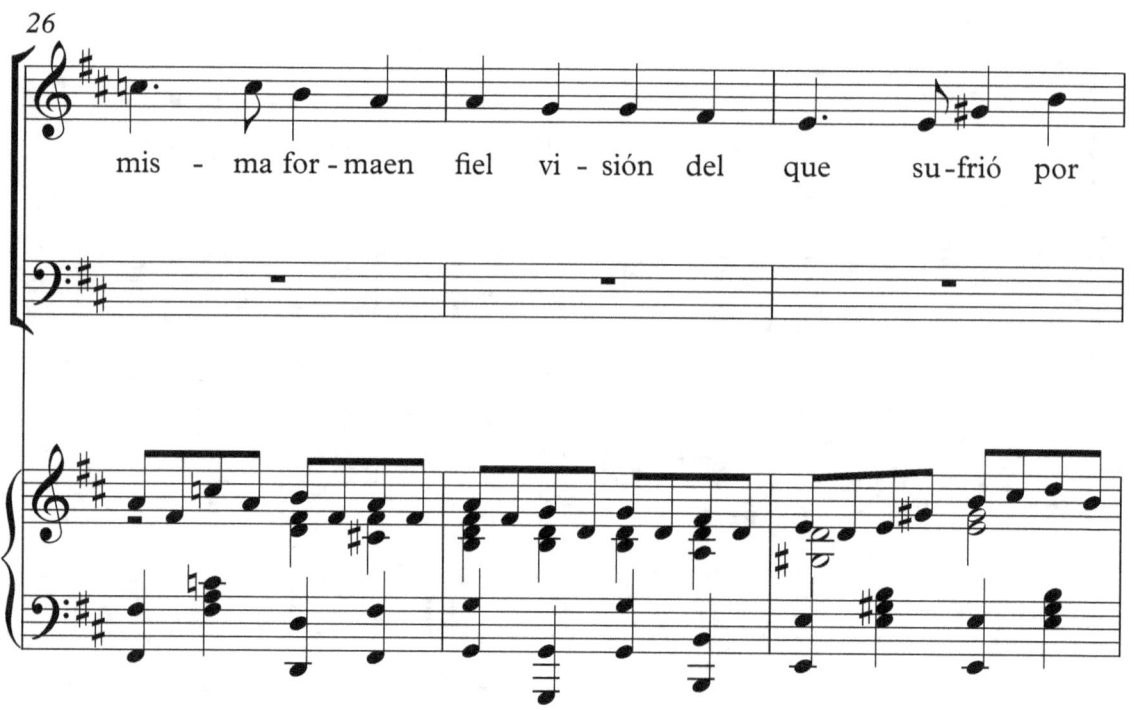

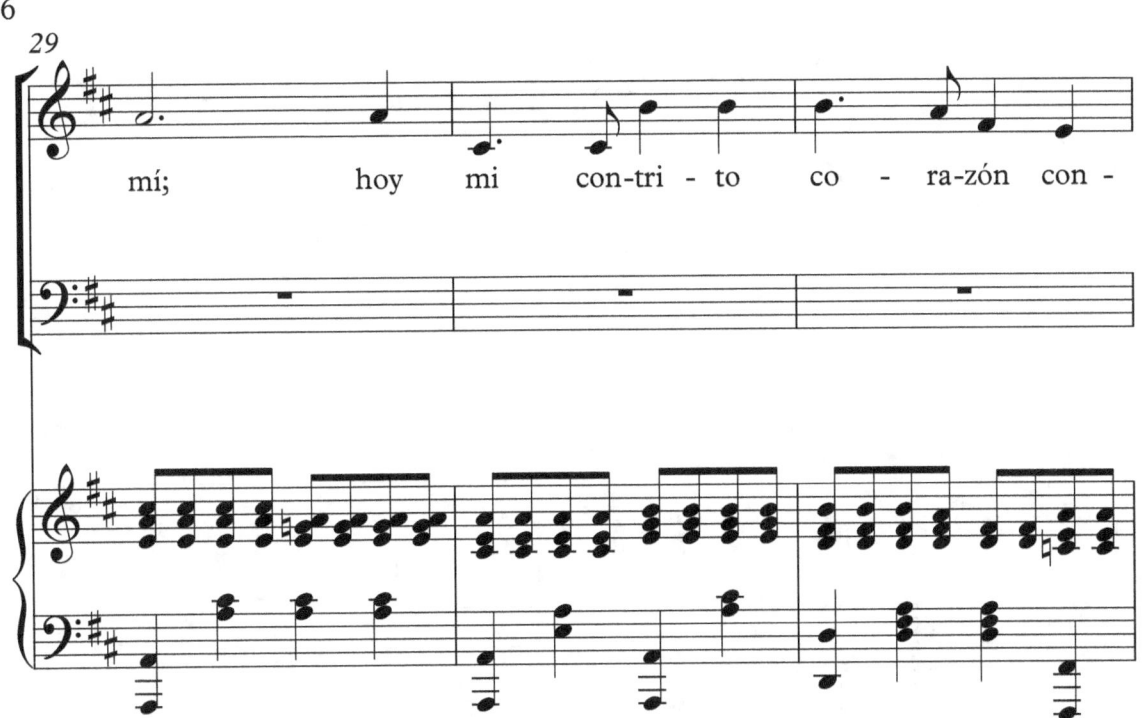
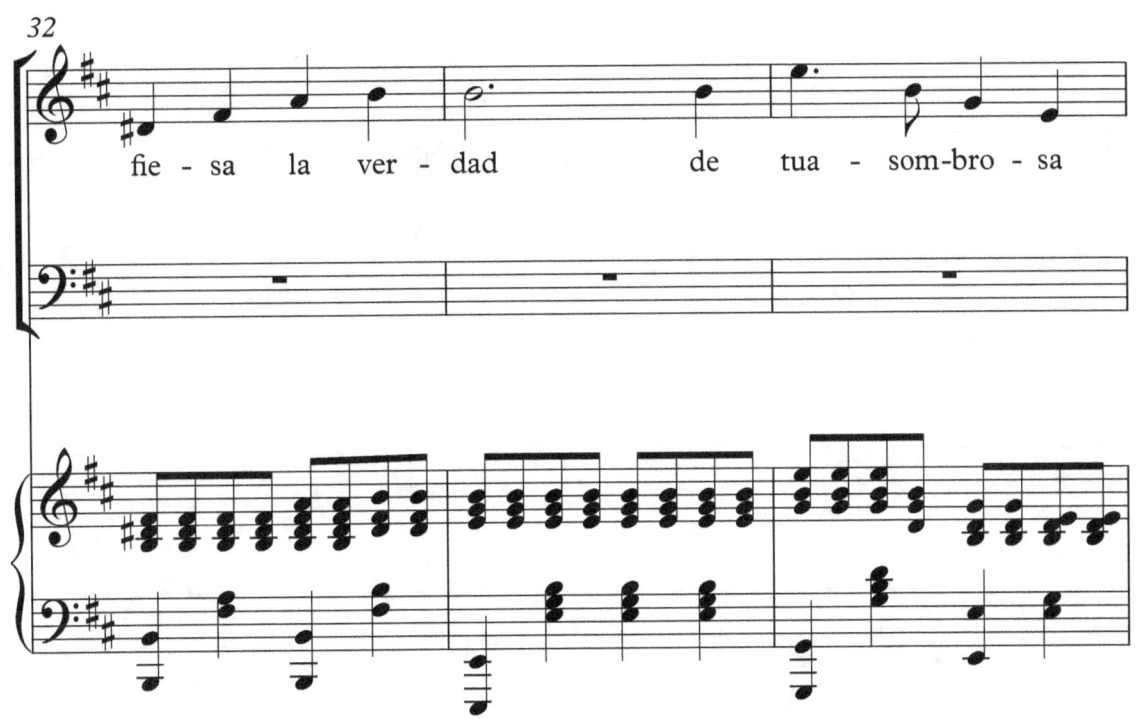

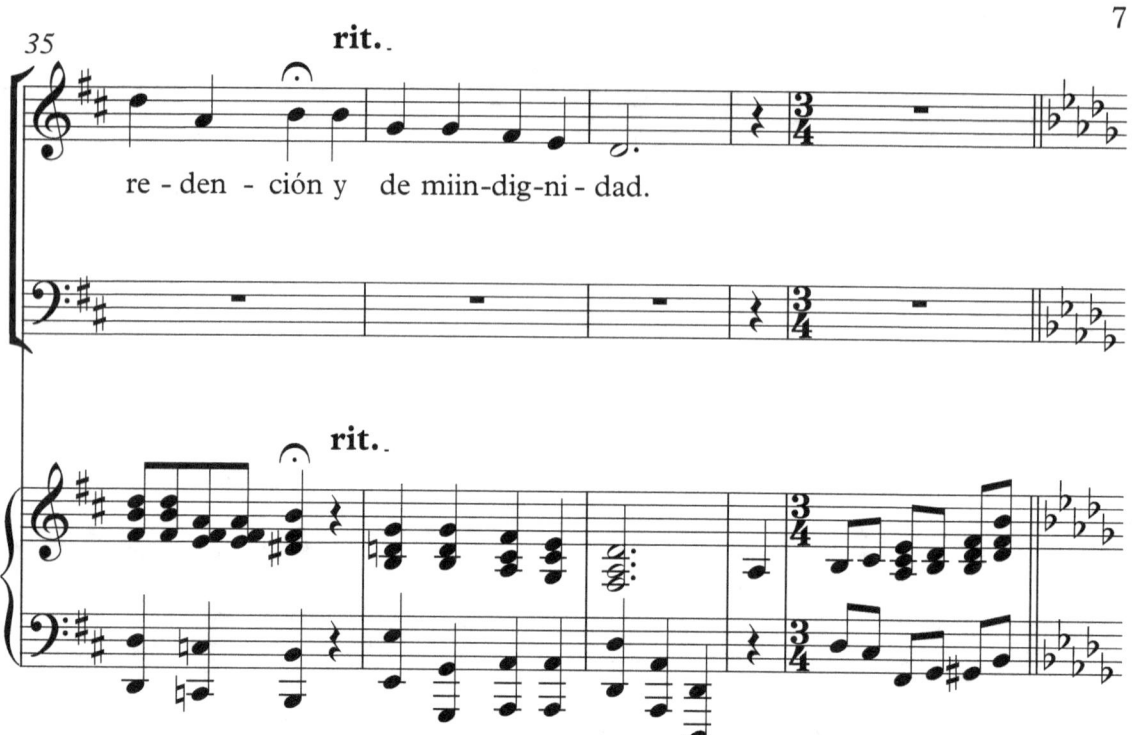
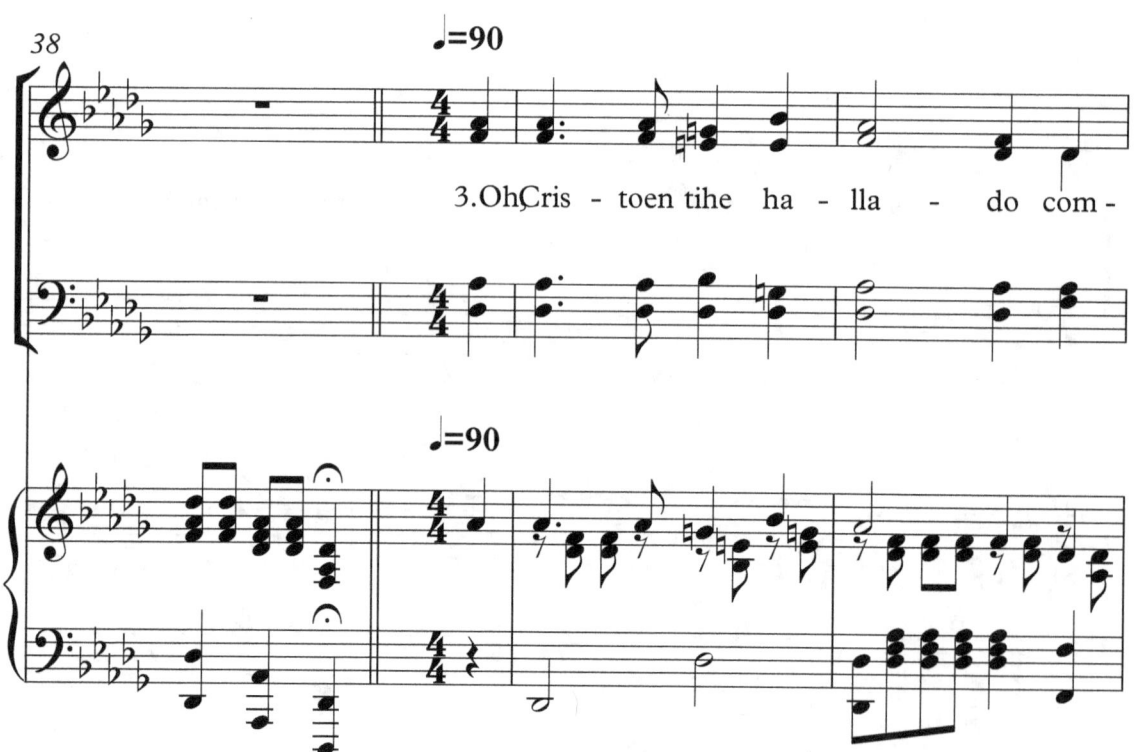

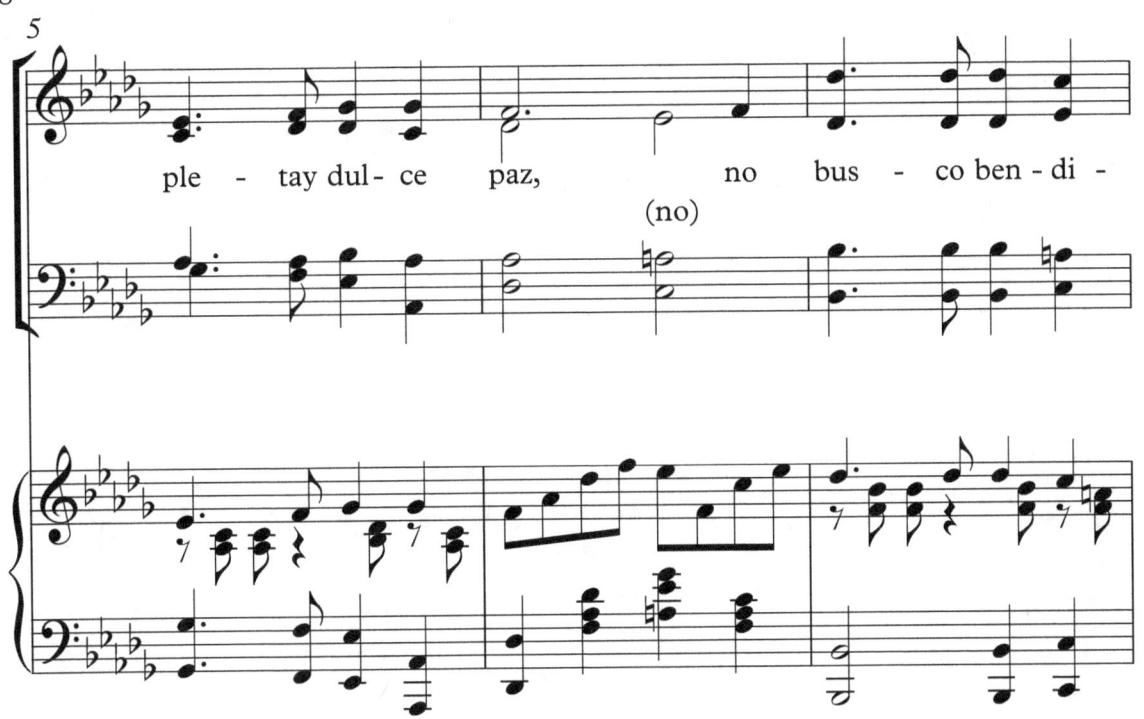
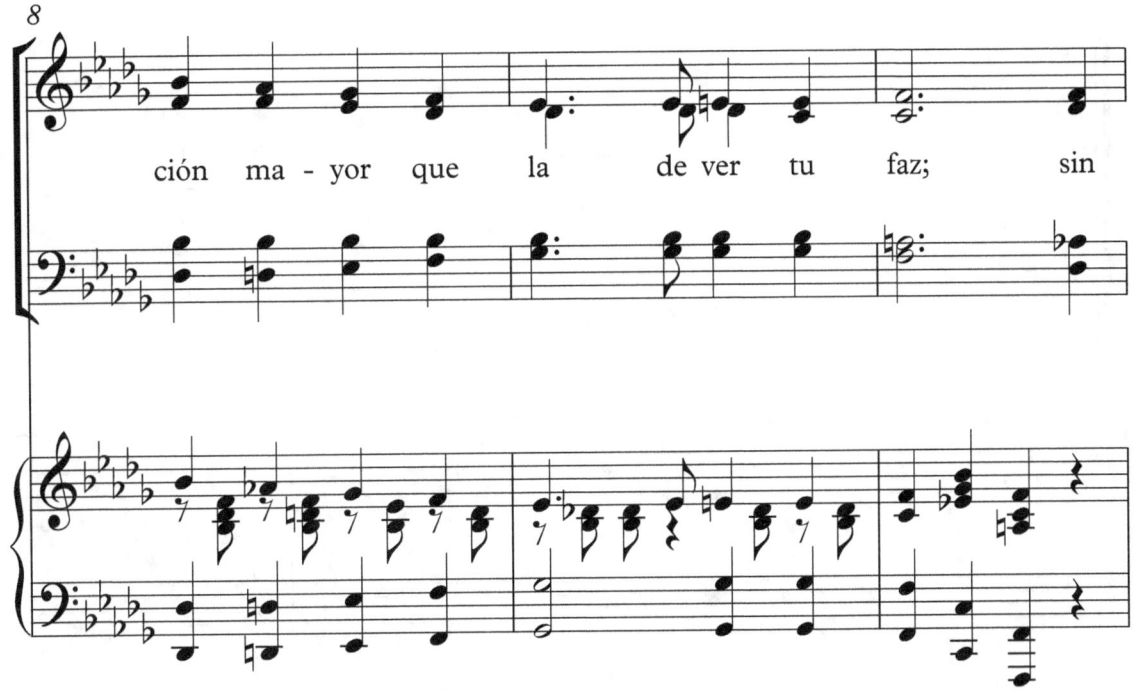

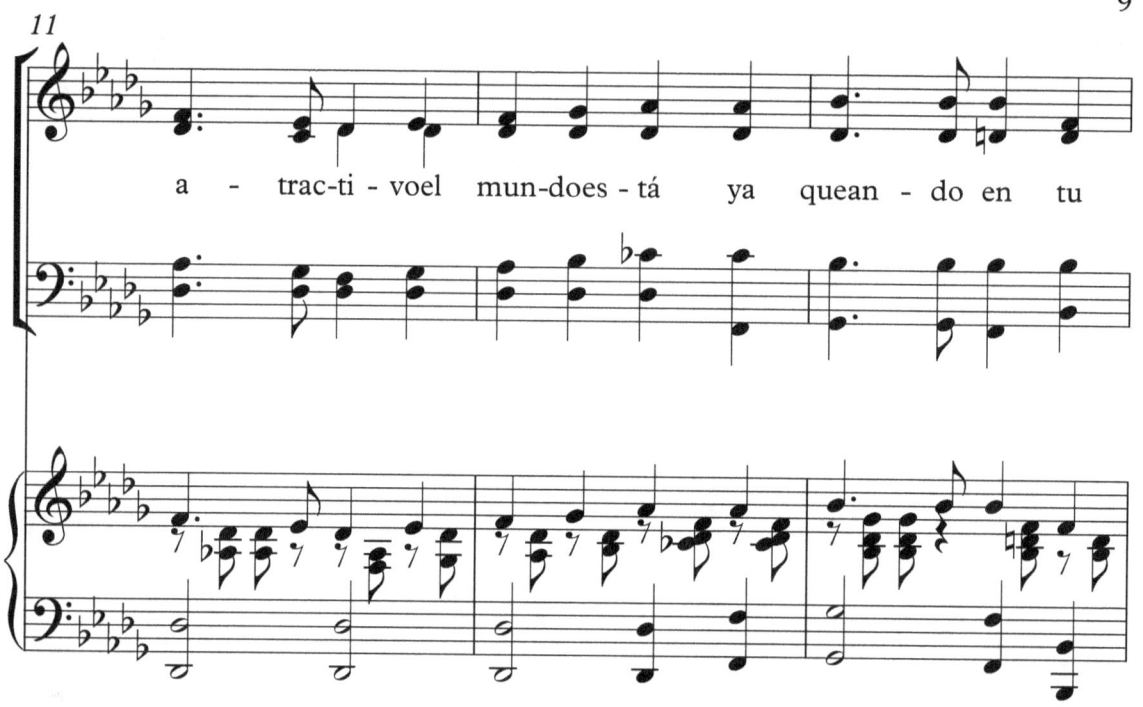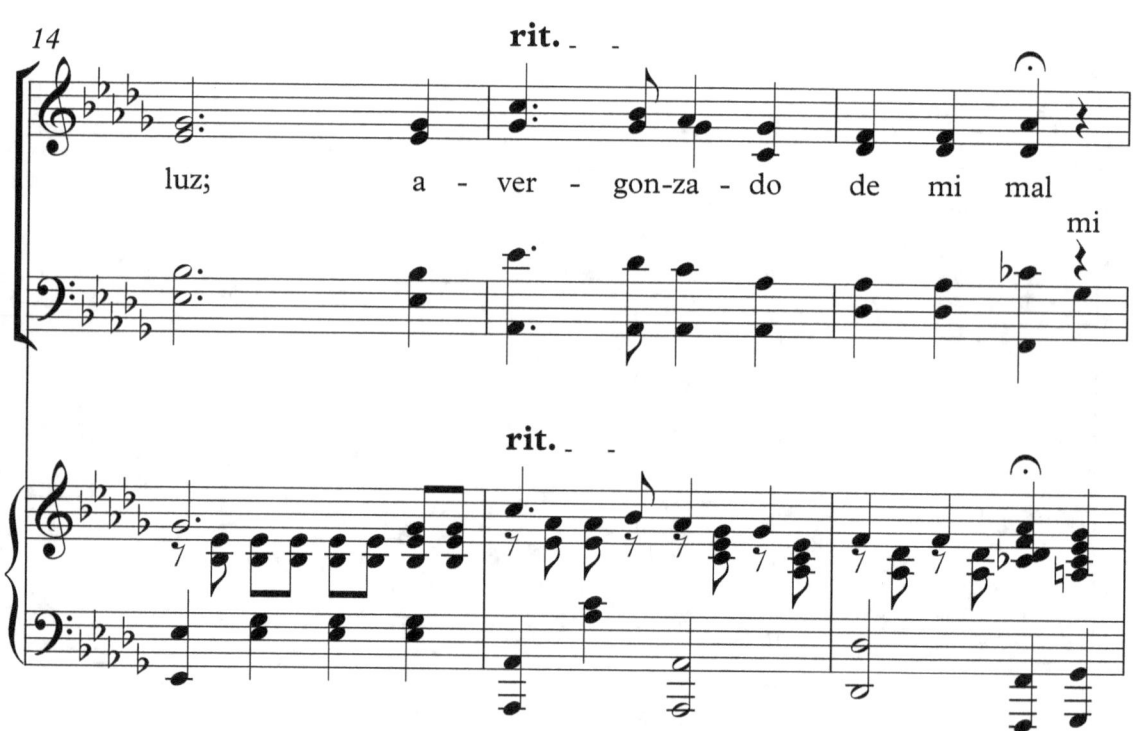

10

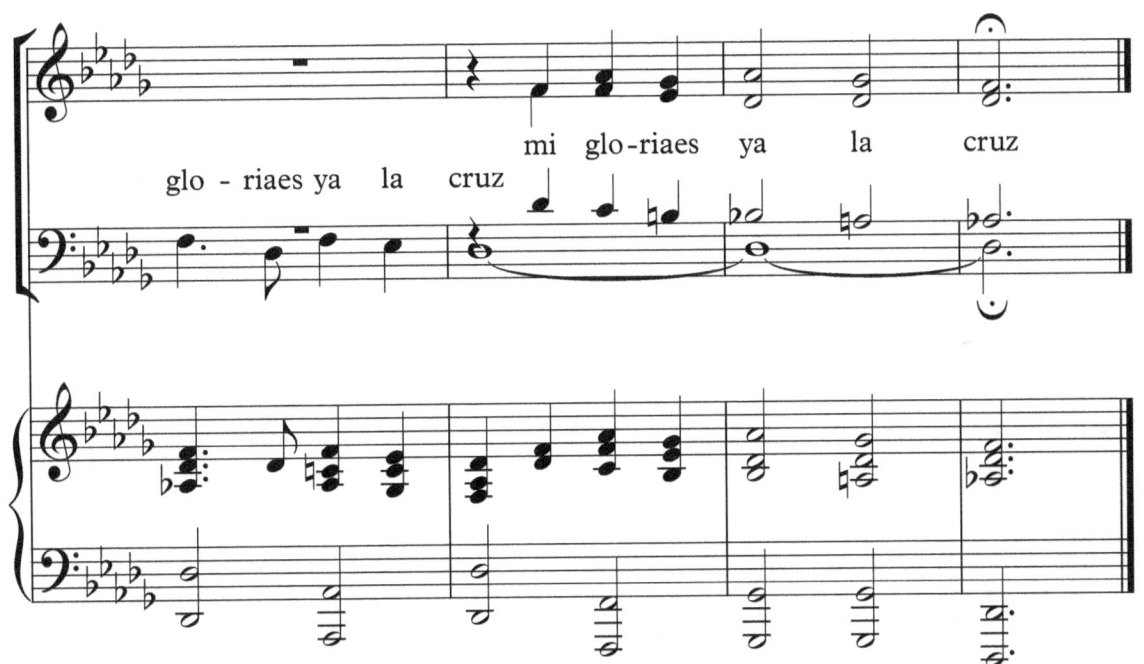

AL CONTEMPLAR LA EXCELSA CRUZ

Edward Miller

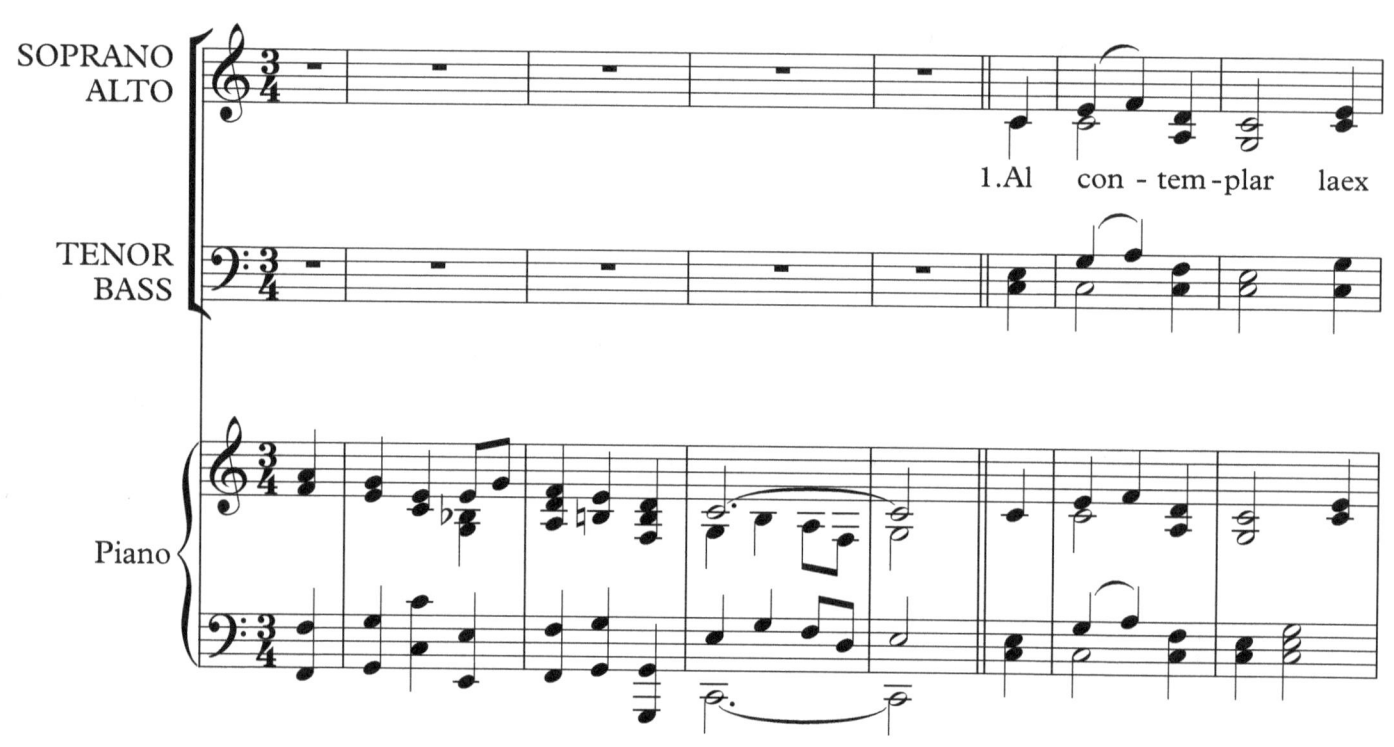

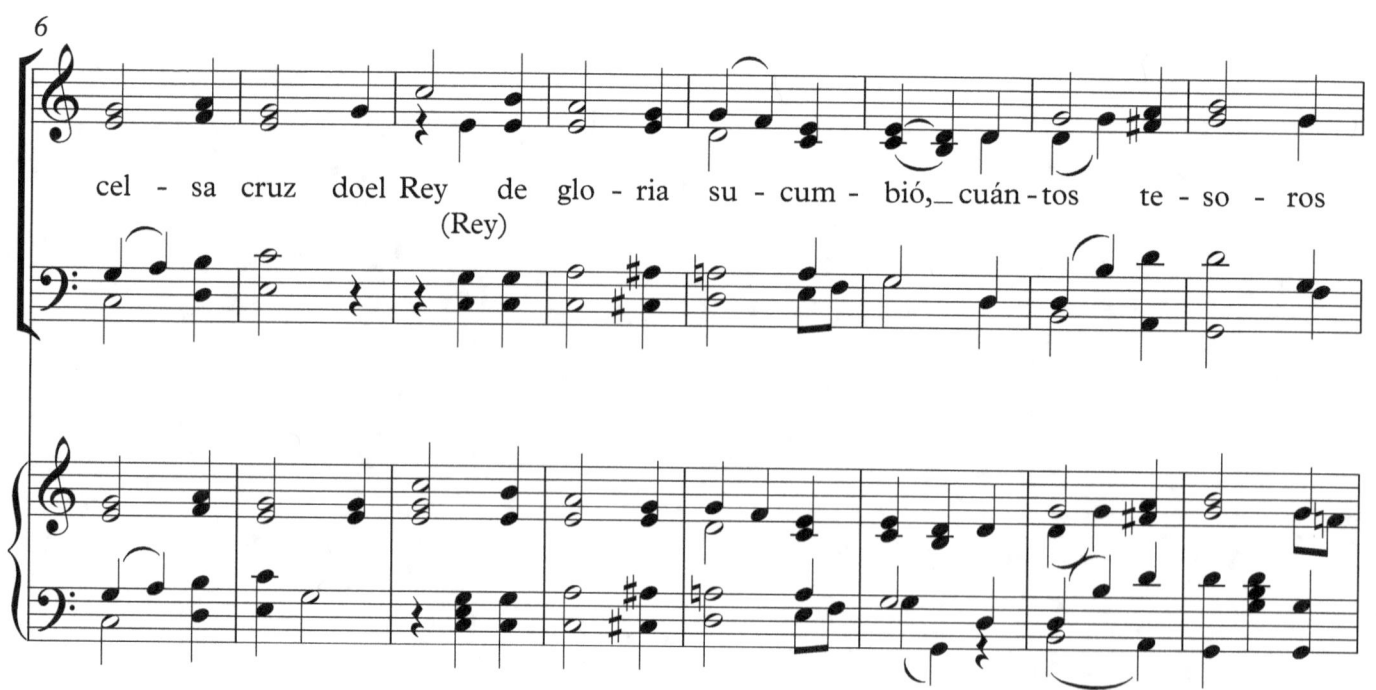

Copyright © 2023 by Rolando M. González. All rights reserved

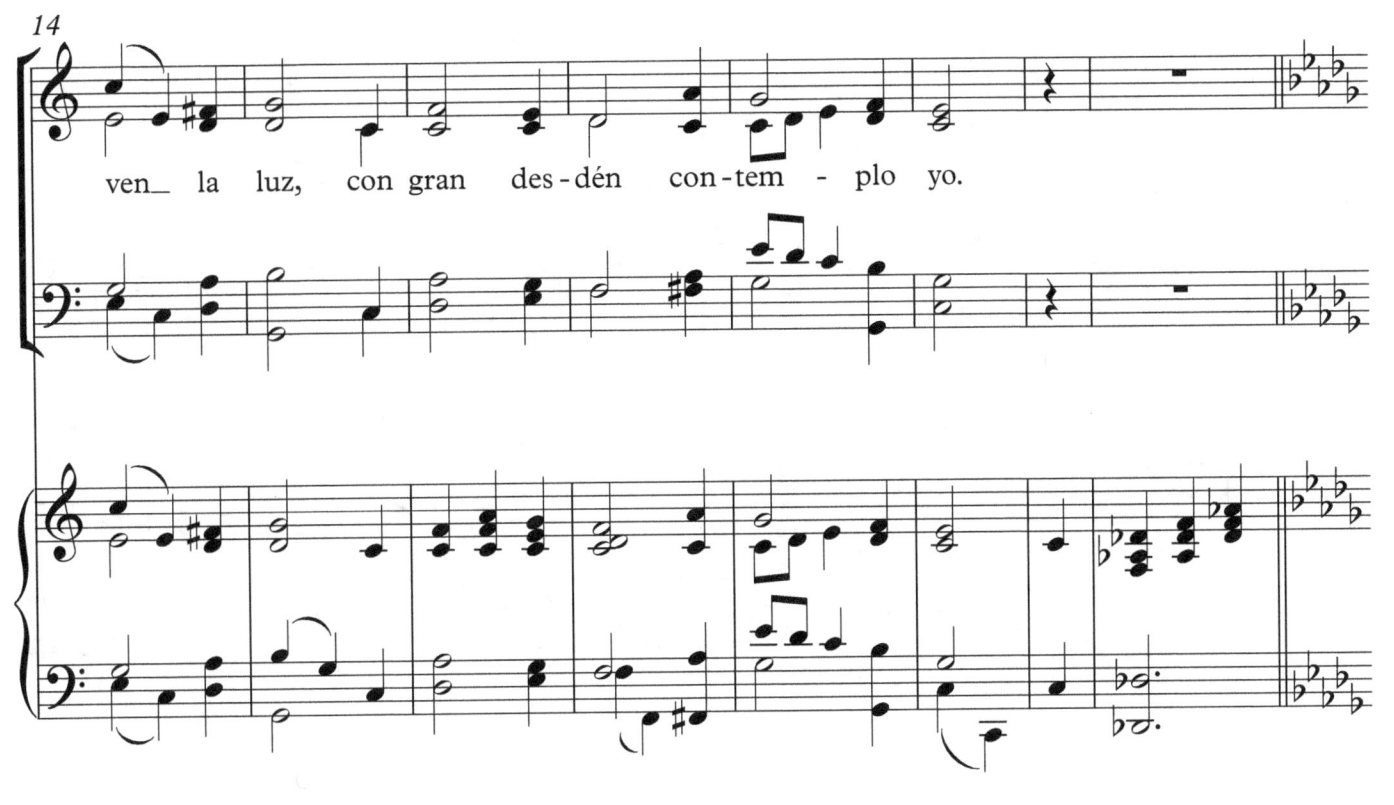
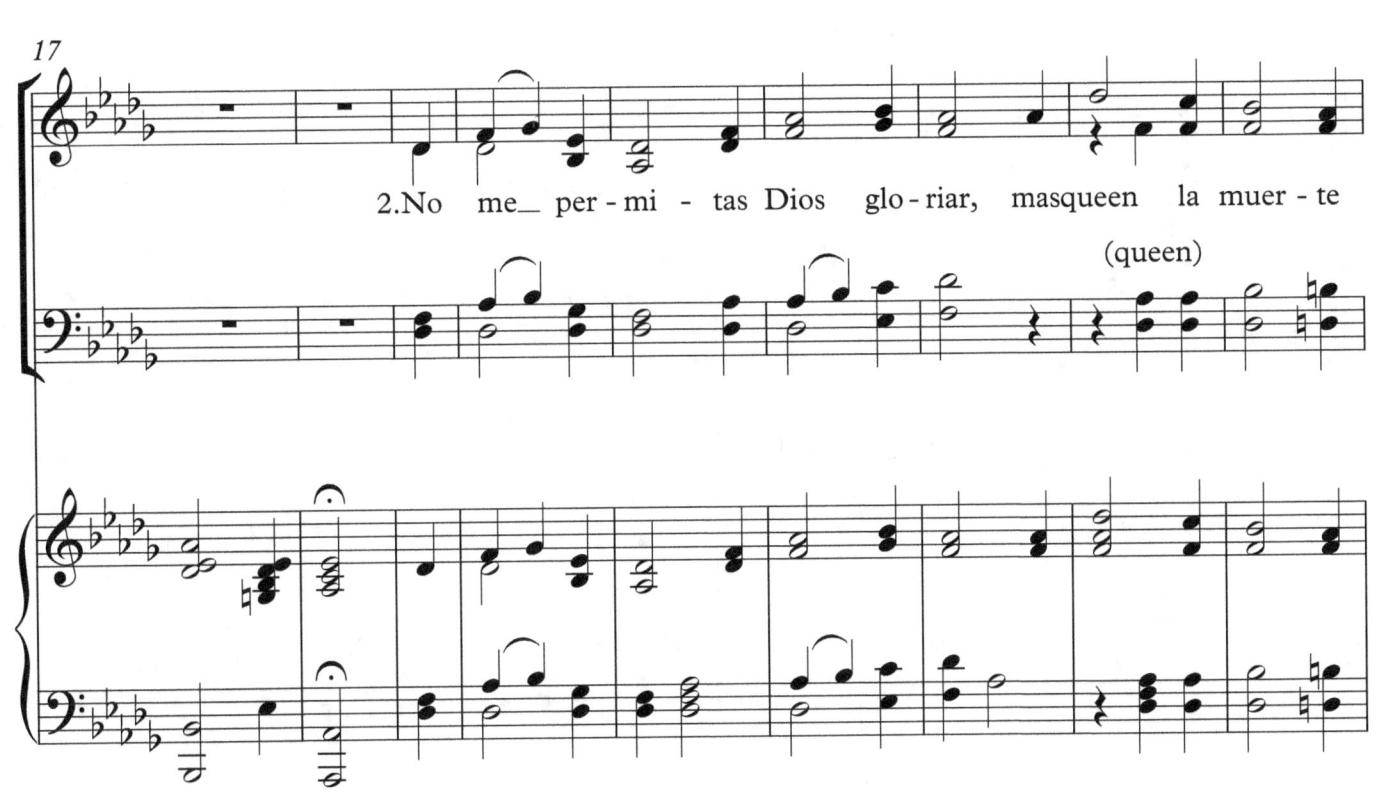

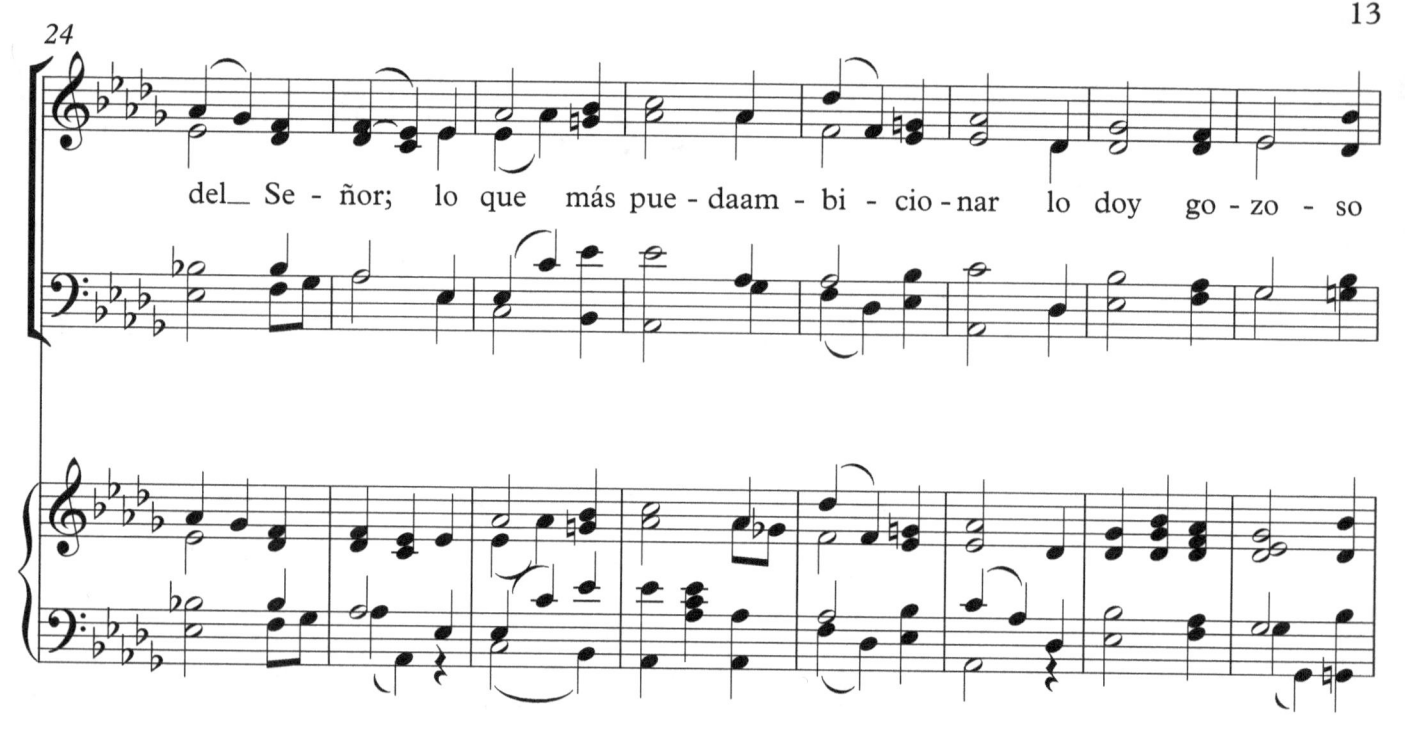

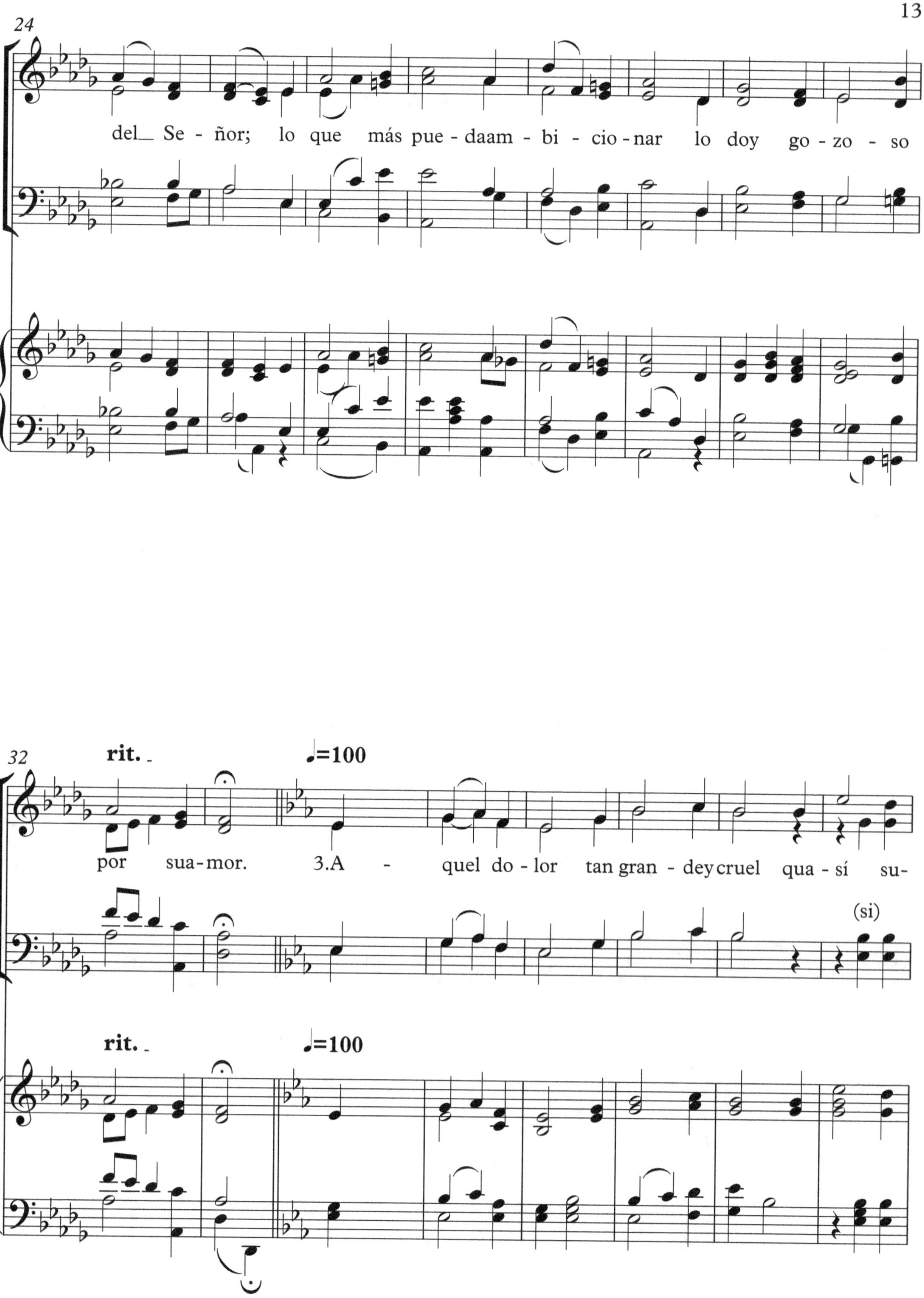

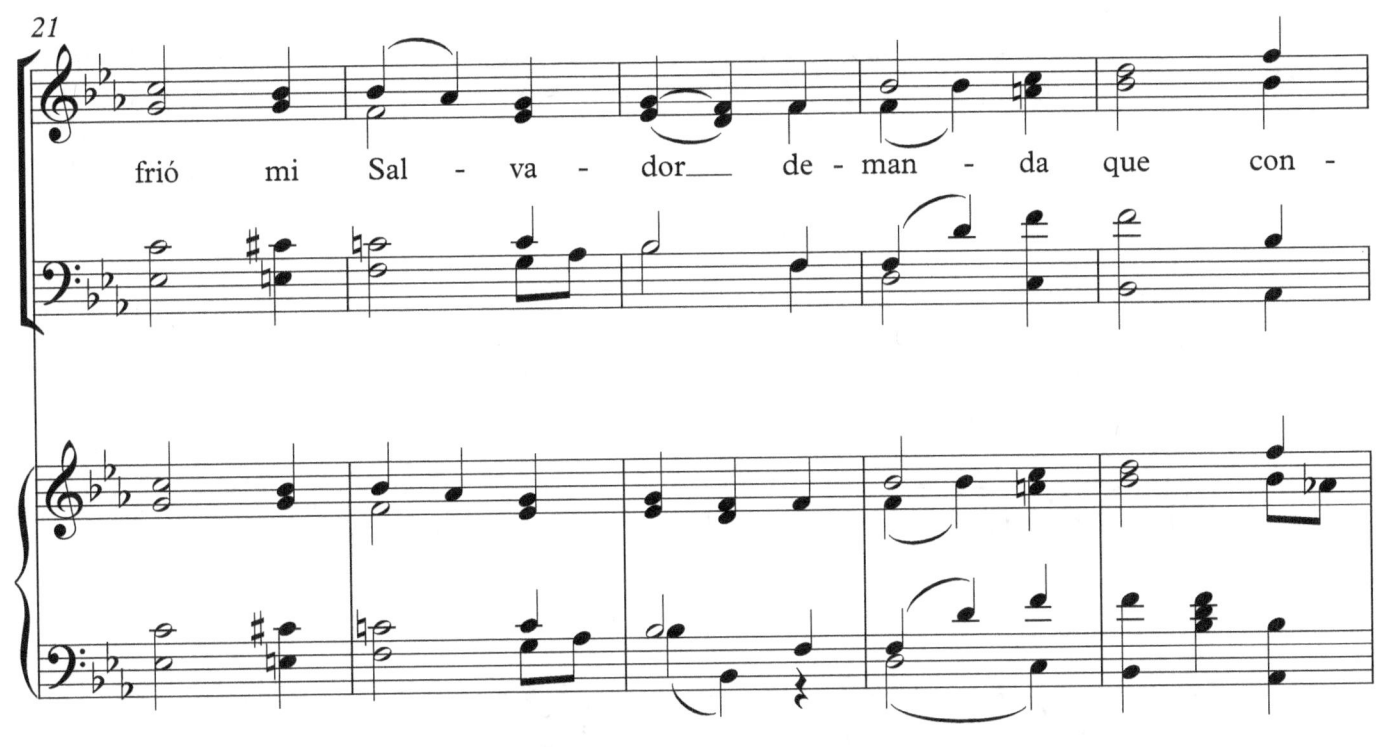

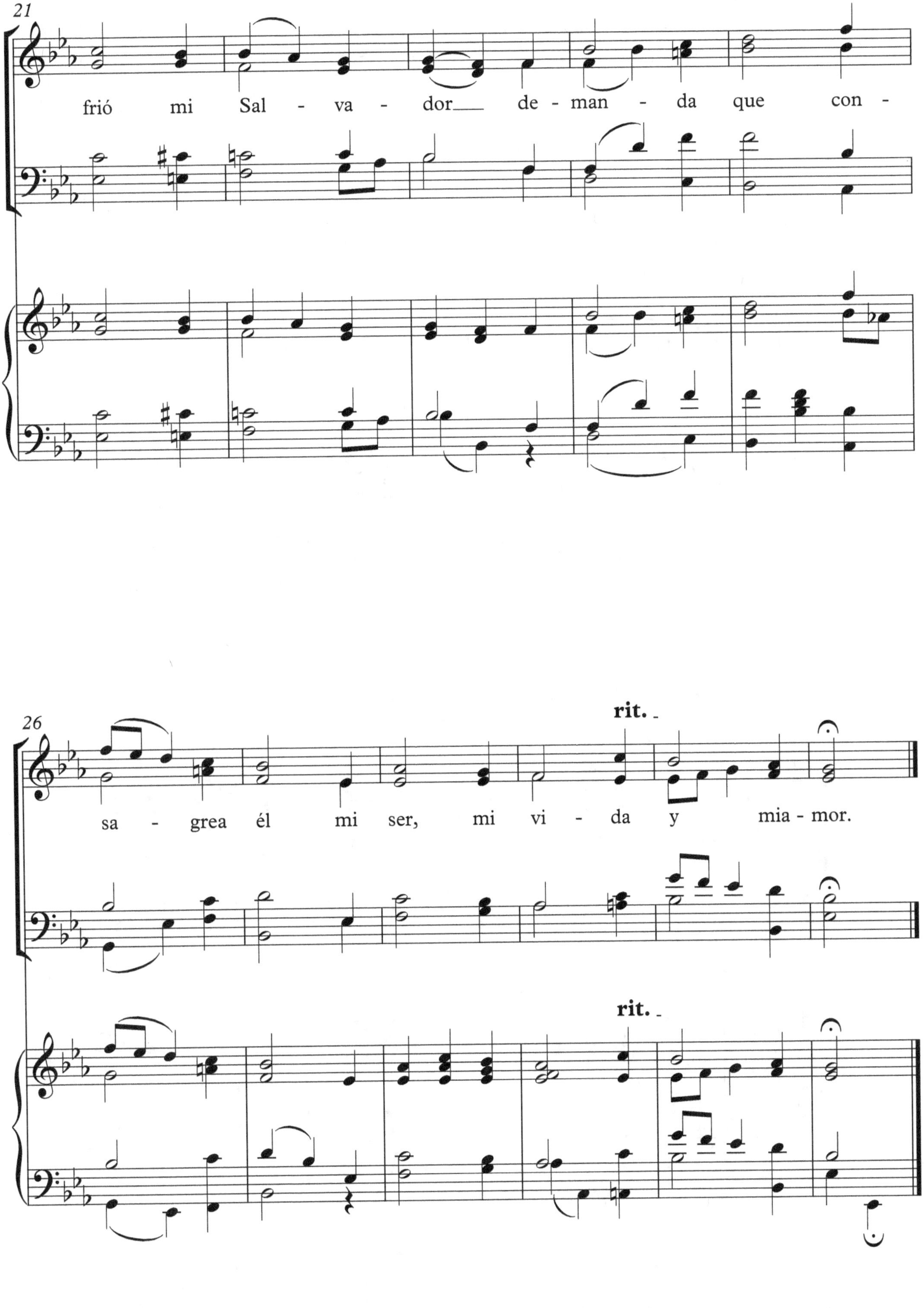

VENID FIELES TODOS

Juan B Cabrera
John F Wade

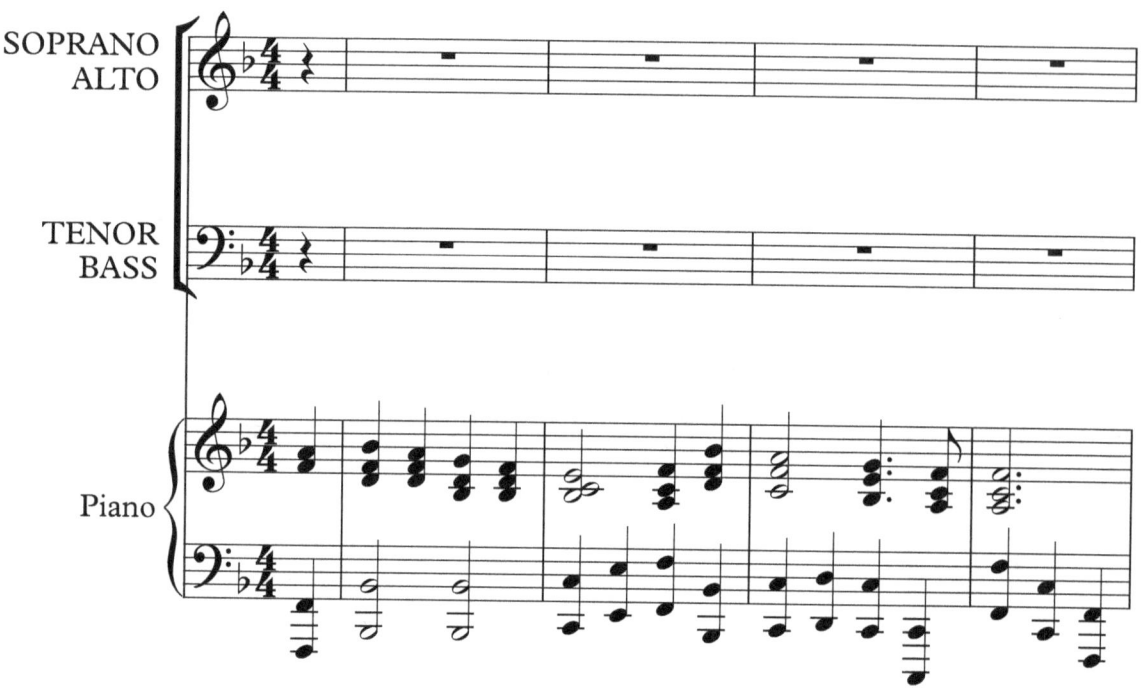

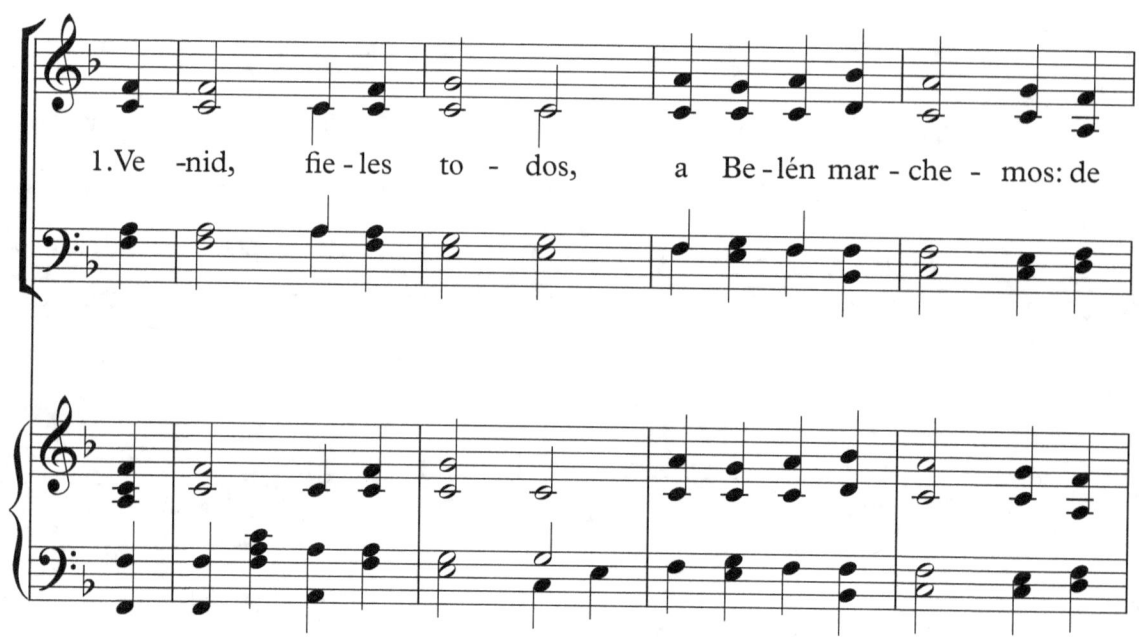

Copyright © 2013 by Rolando M González

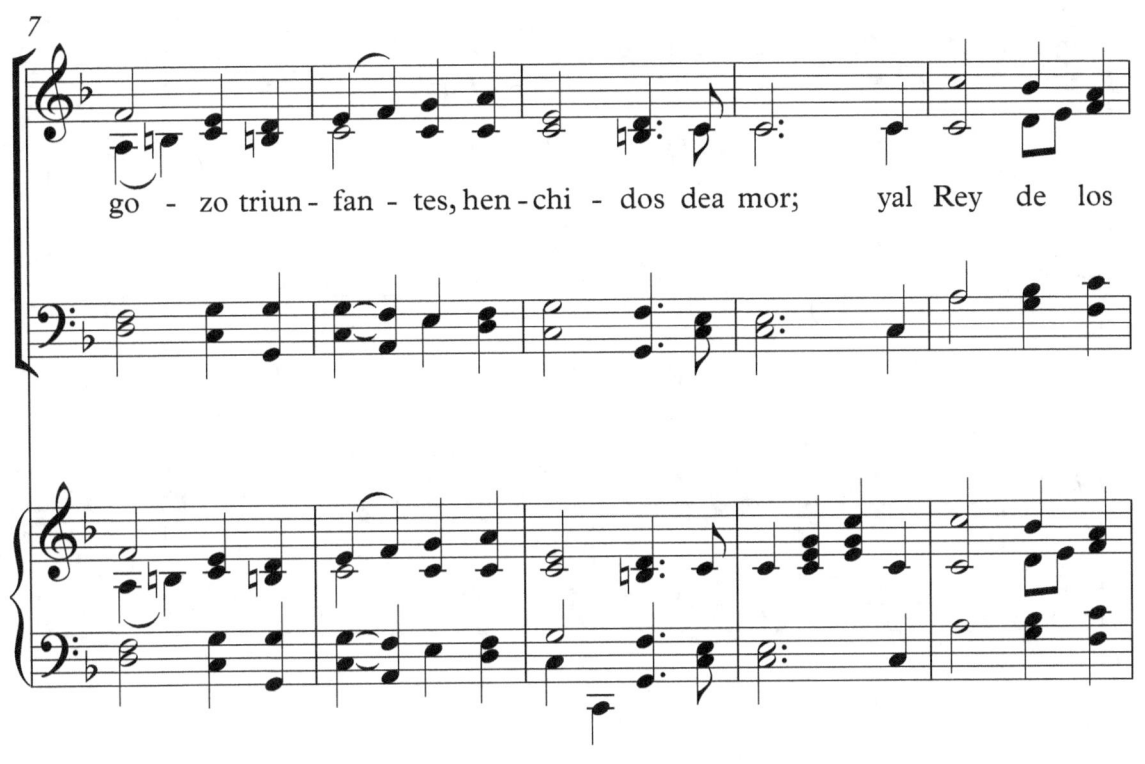
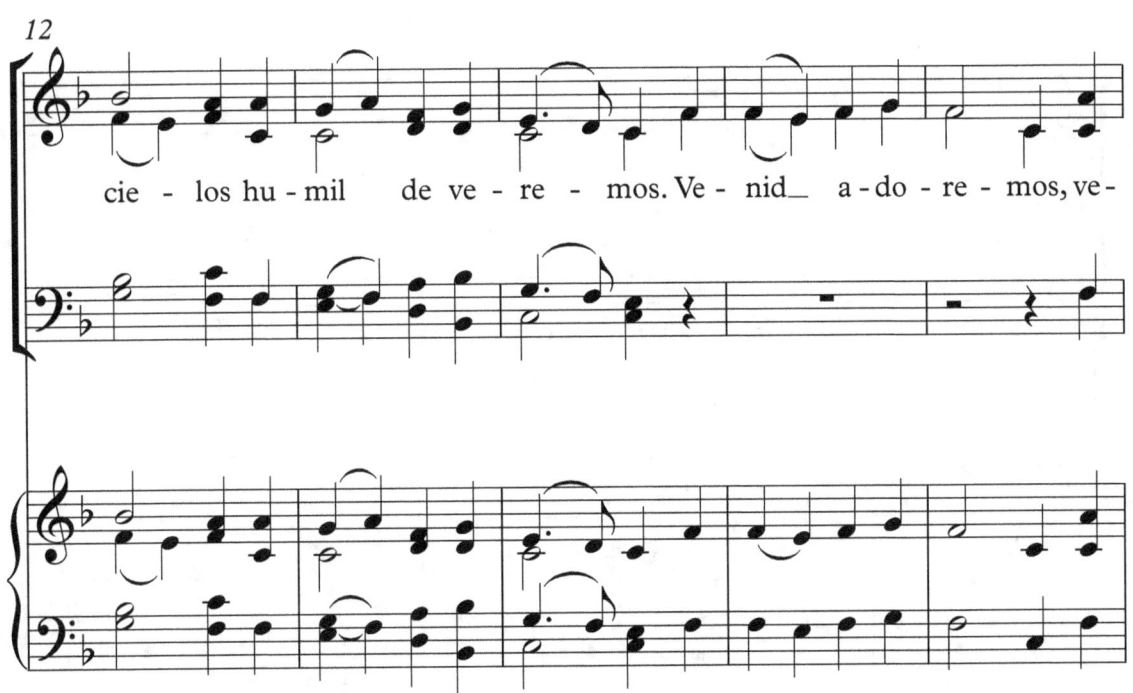

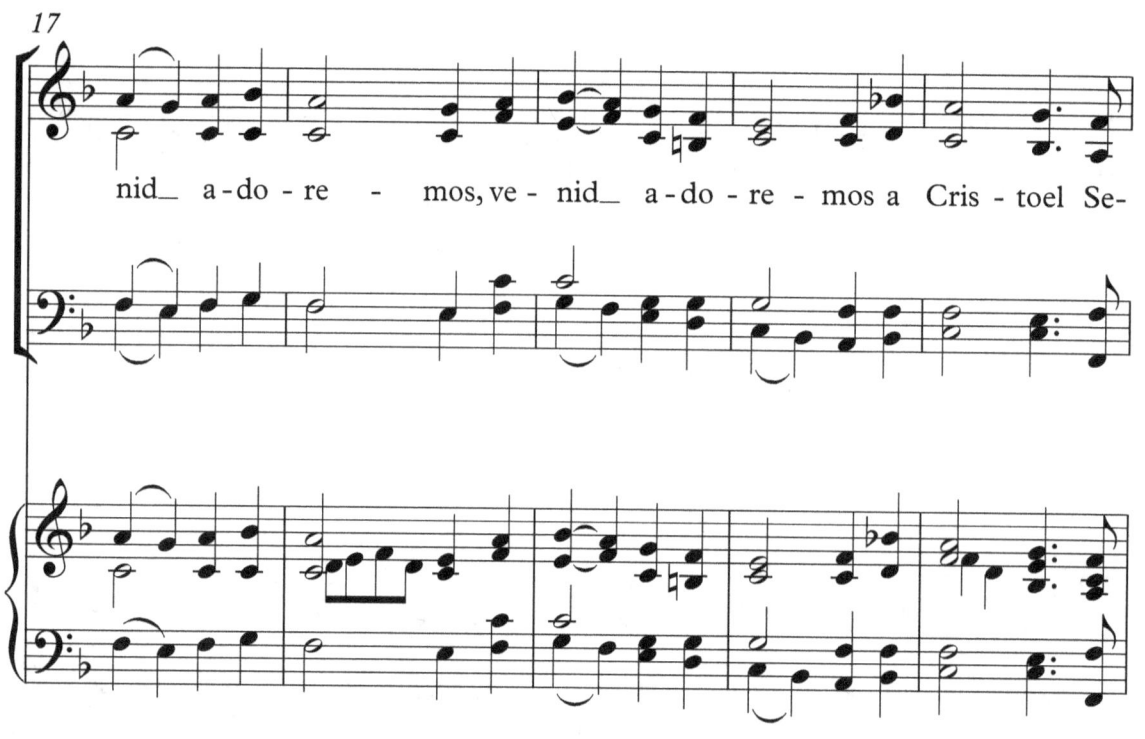
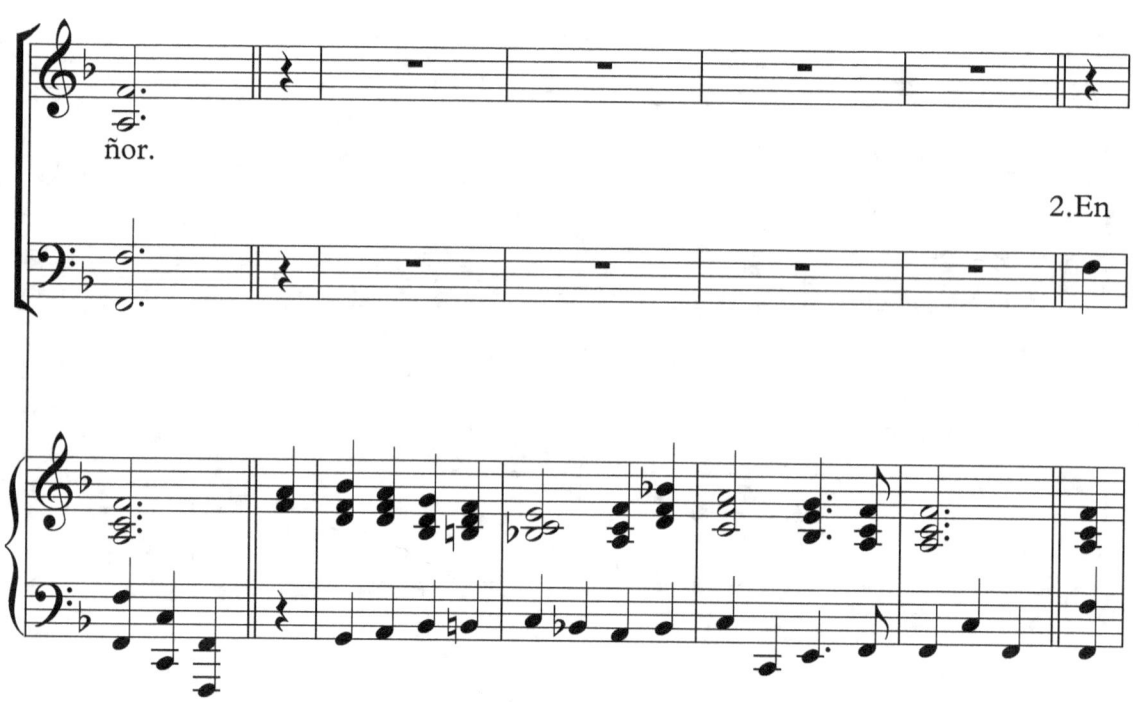

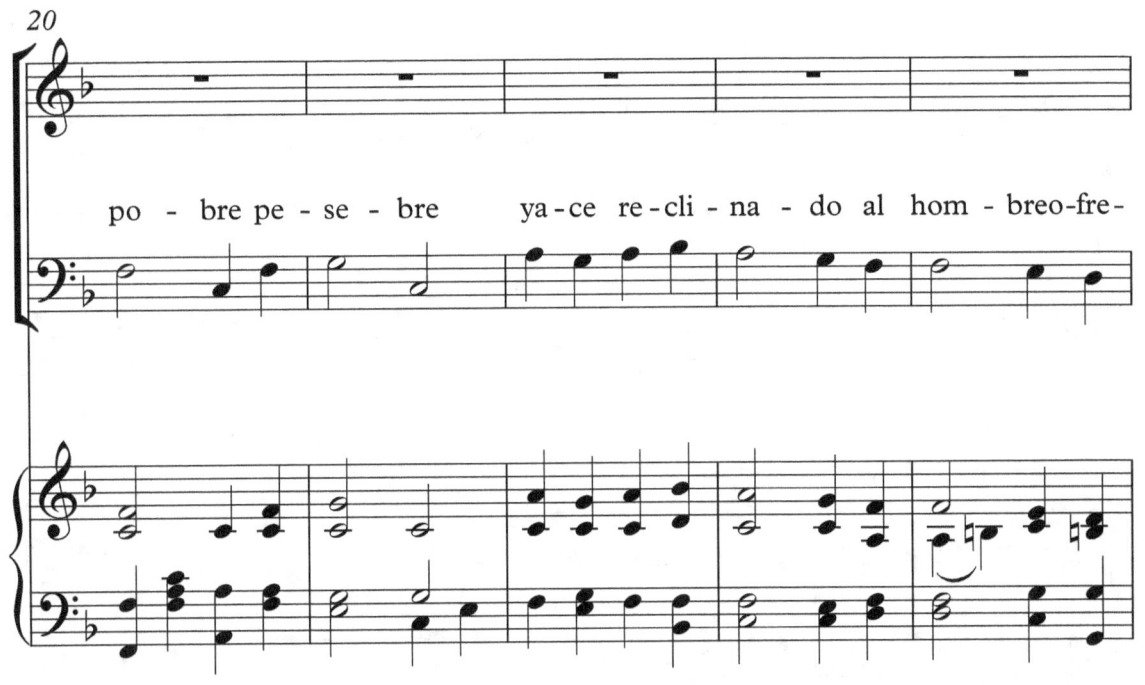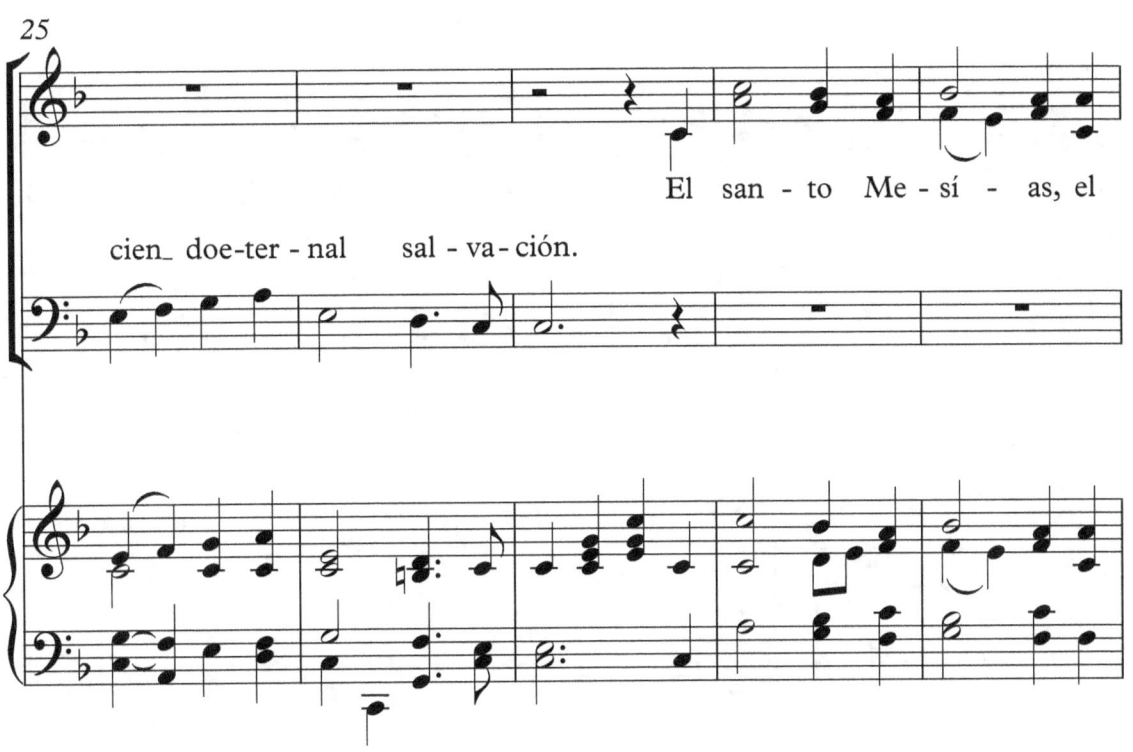

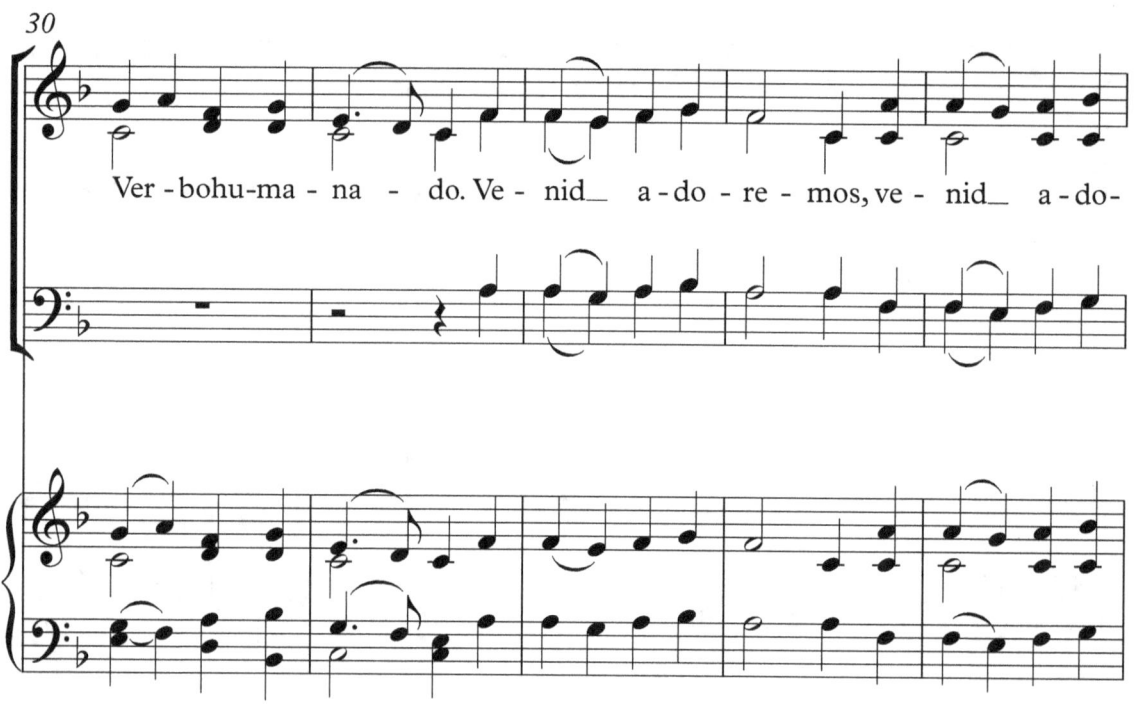
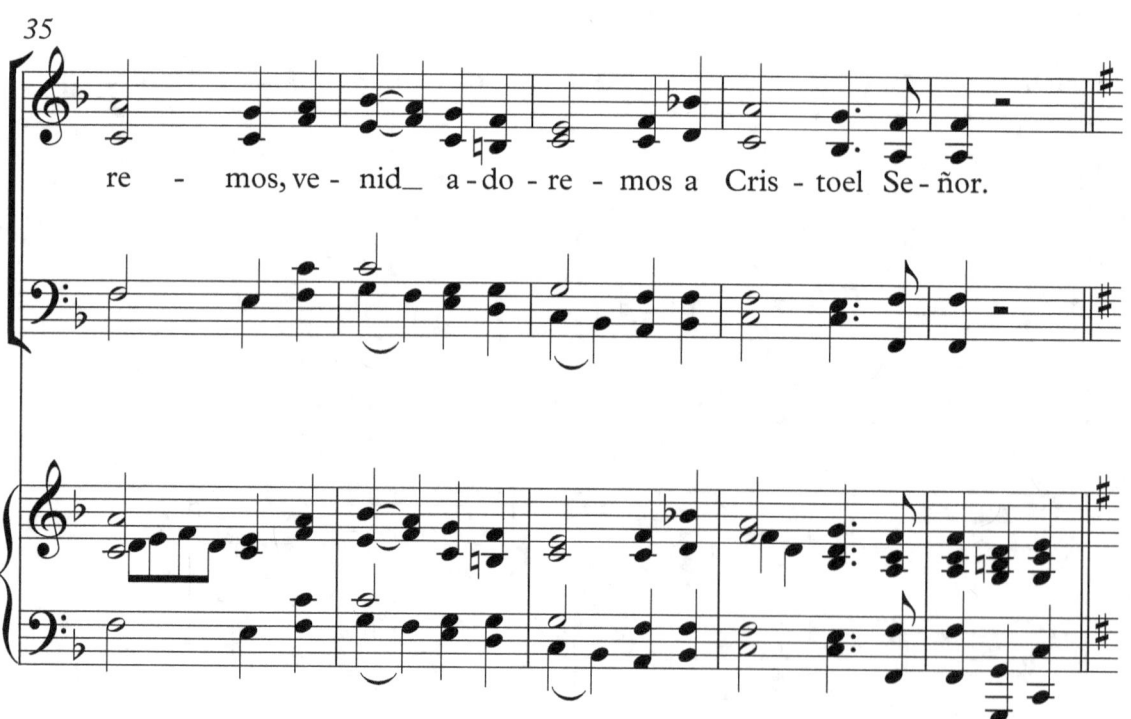

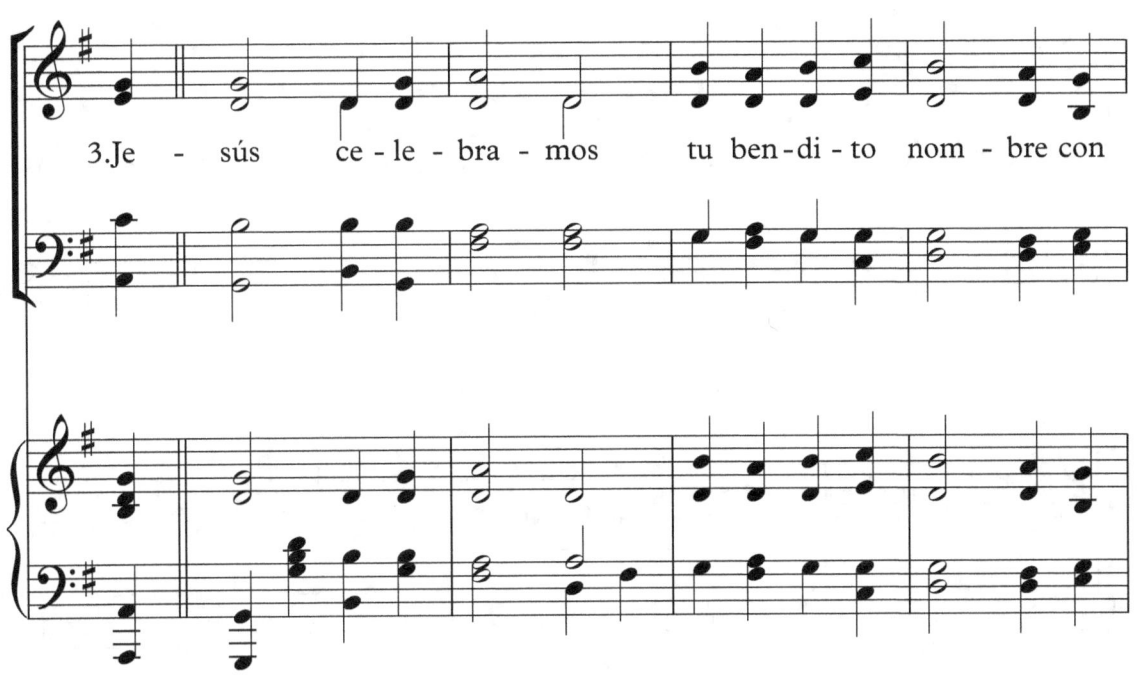

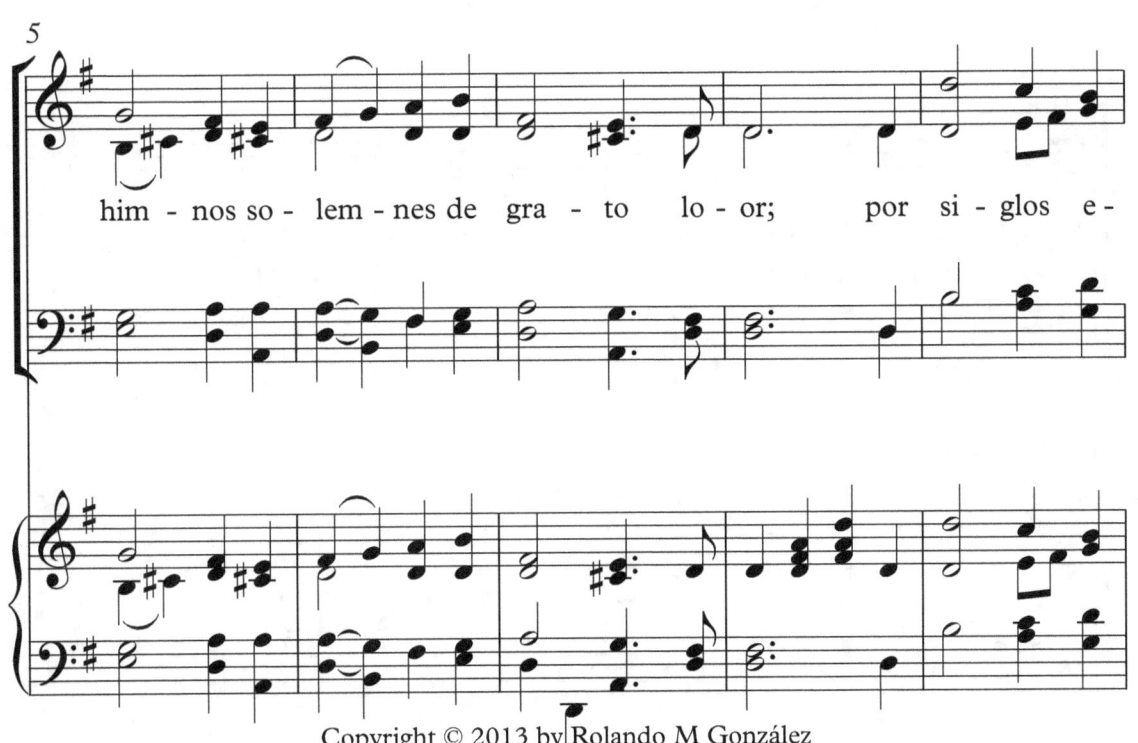

Copyright © 2013 by Rolando M González

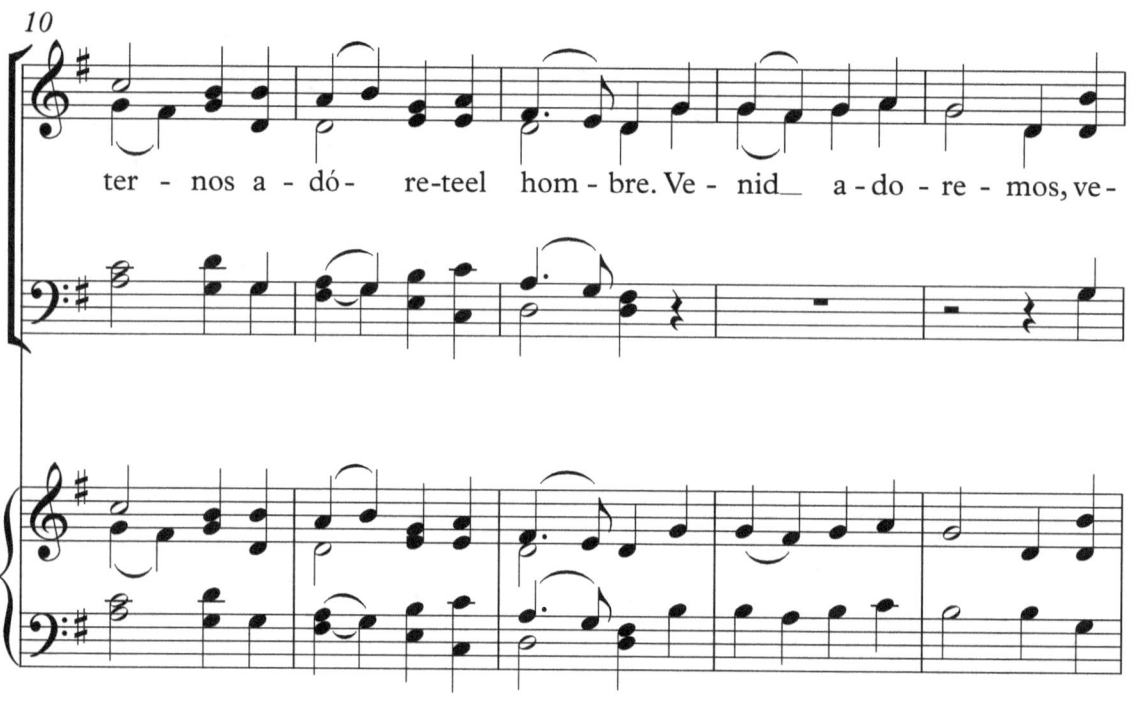
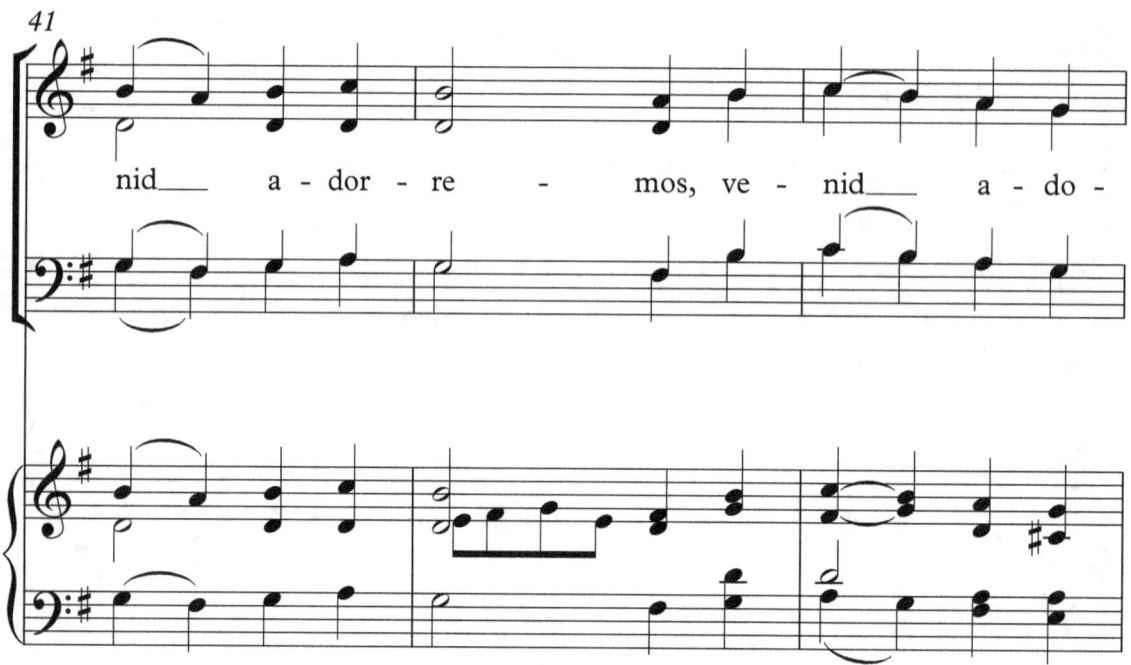

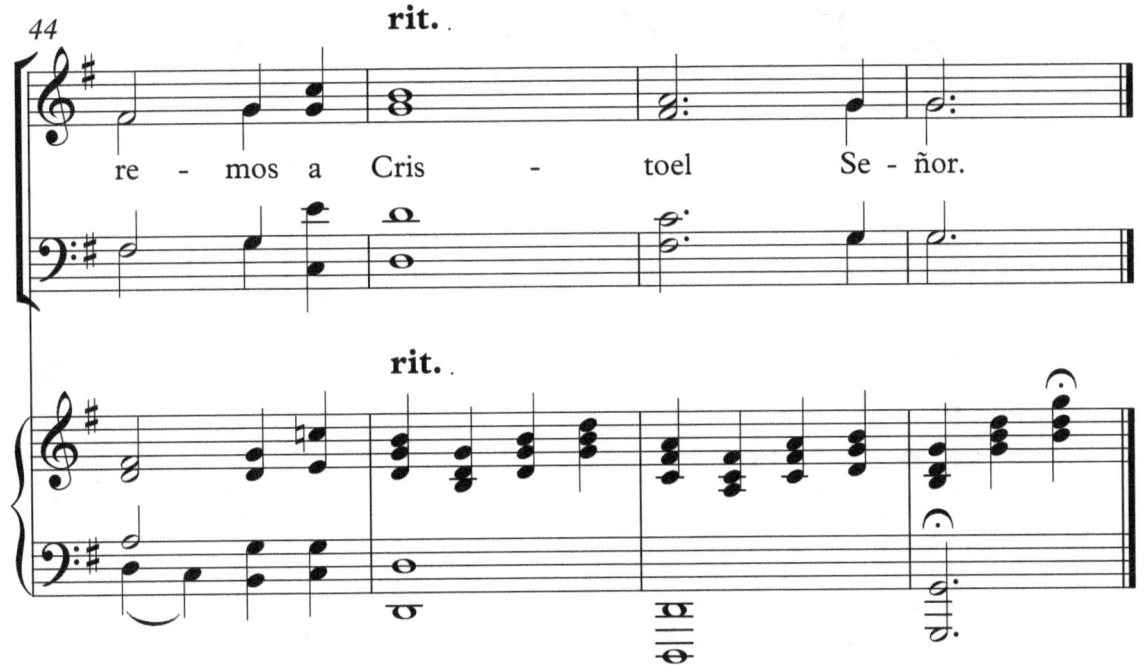

ALMA, BENDICE AL SEÑOR

Fritz Fliedner

A. T des Emeuerten Gesangbuch

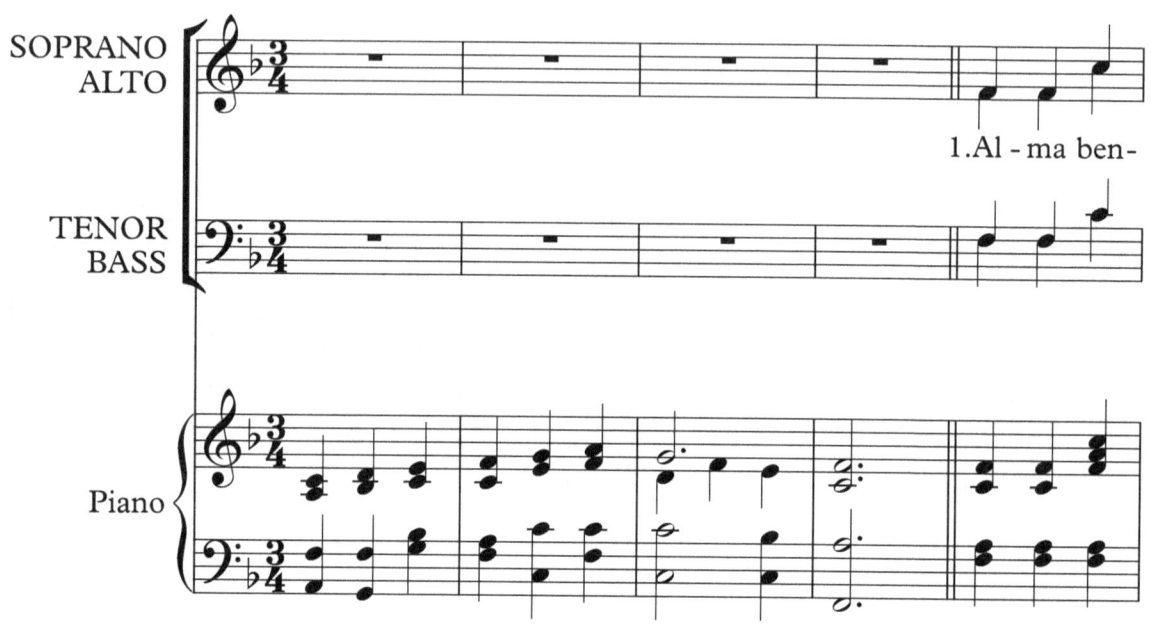

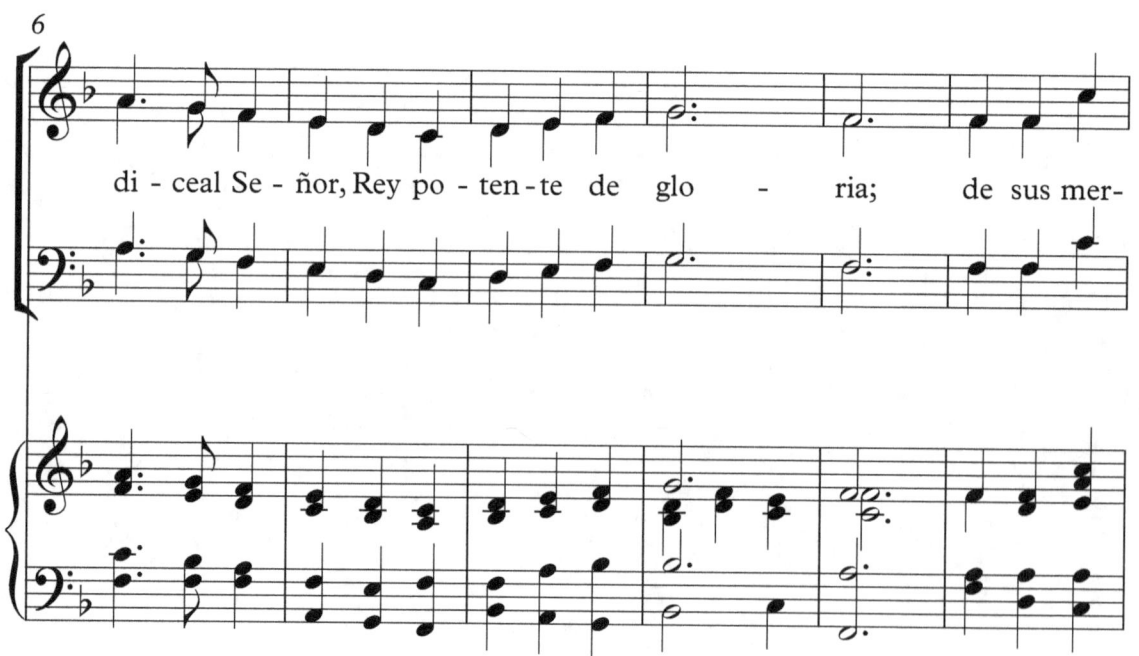

Copyright © 2023 by Rolando M. González. All rights are reserved

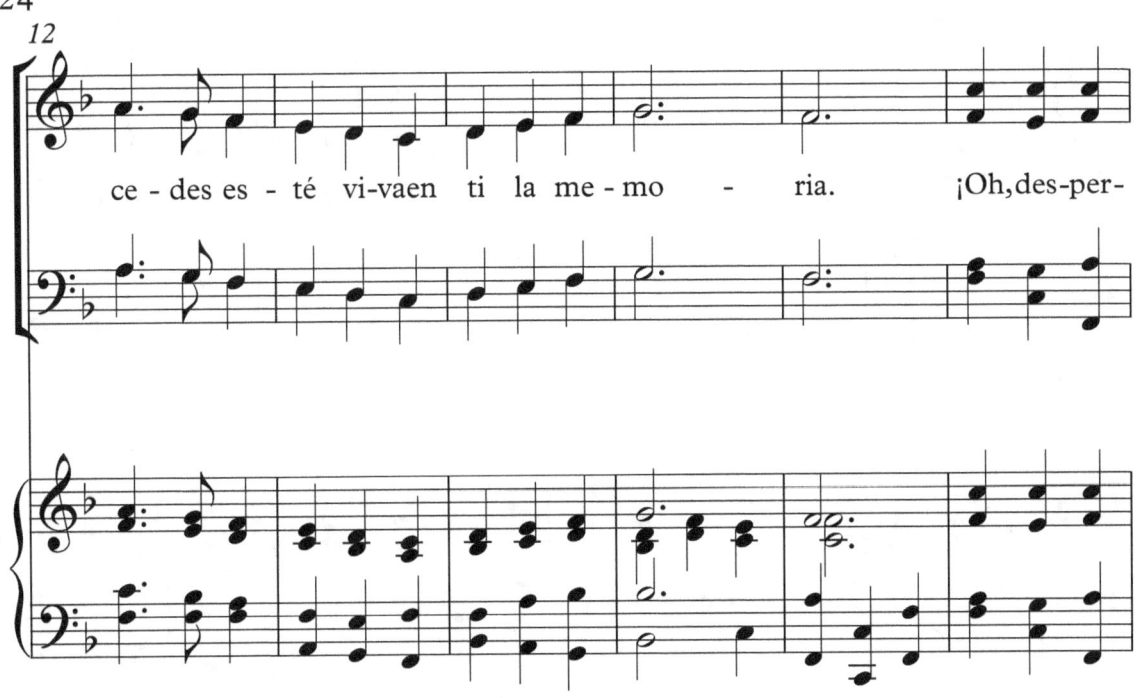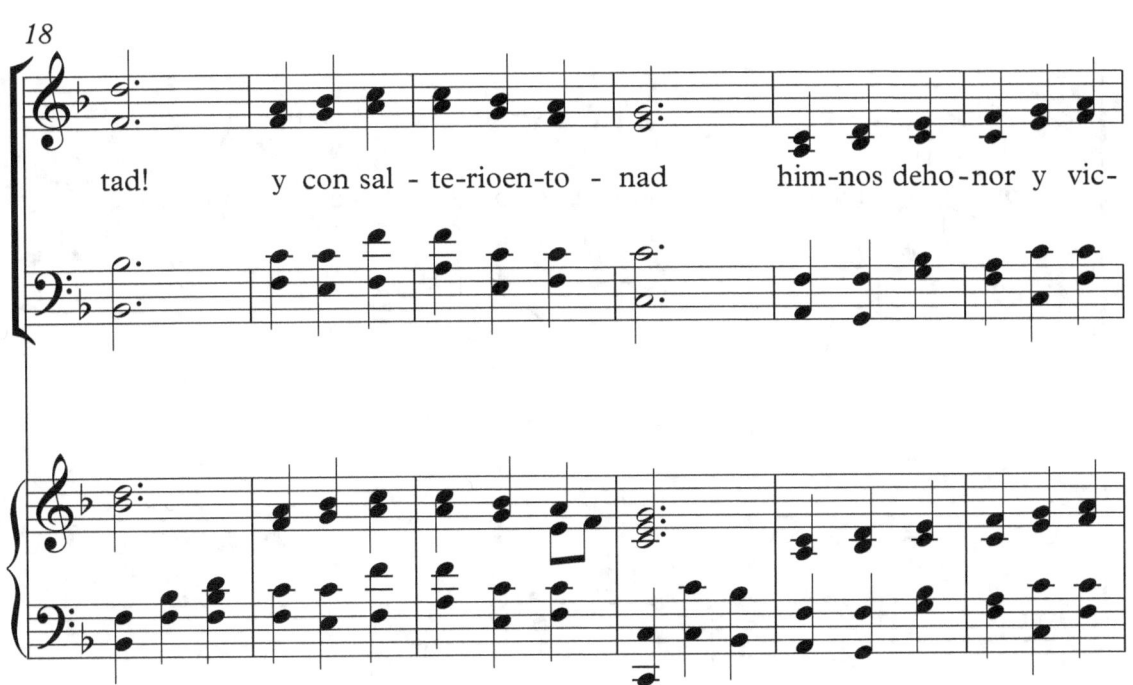

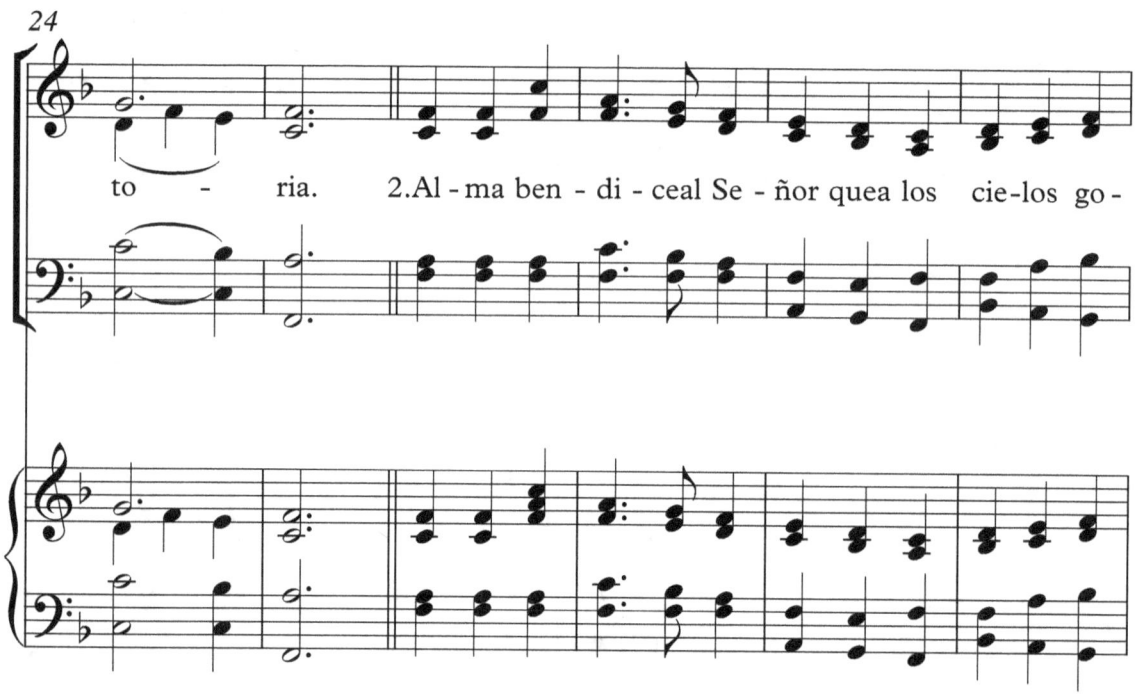
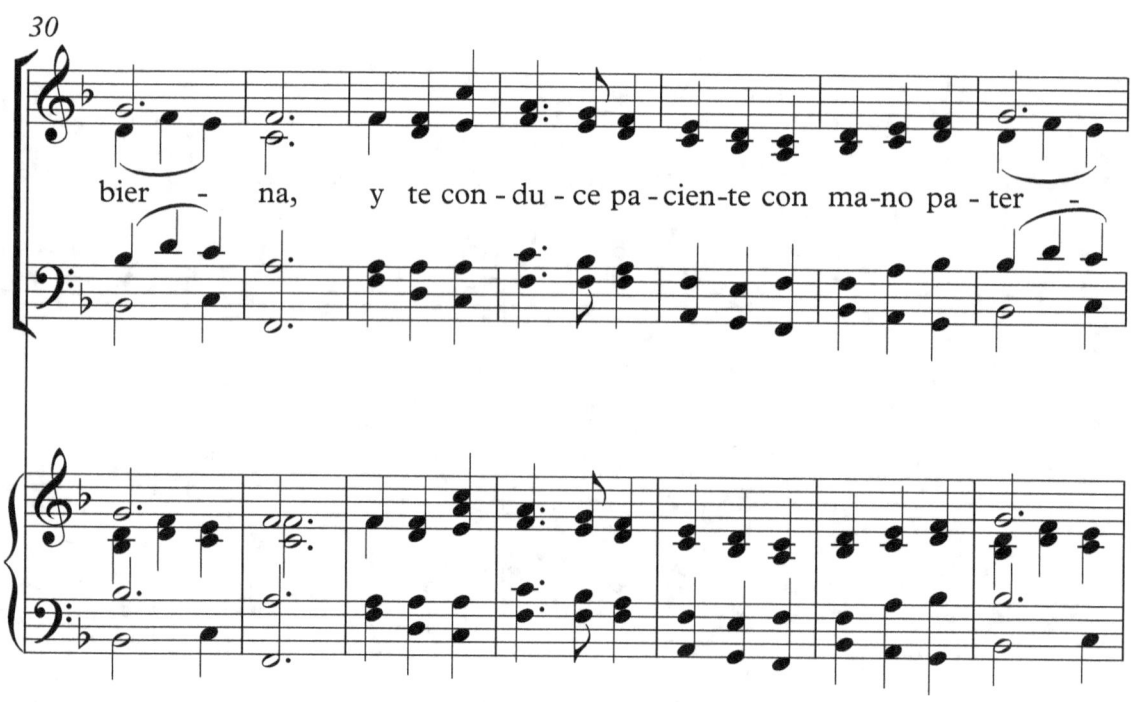

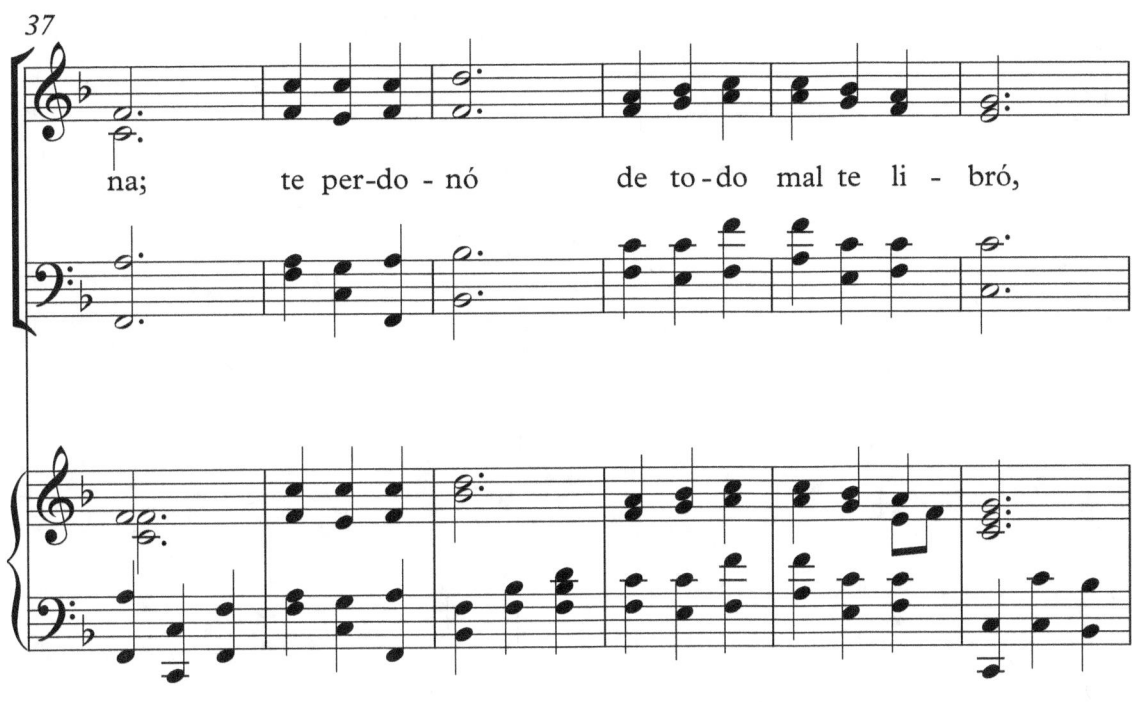
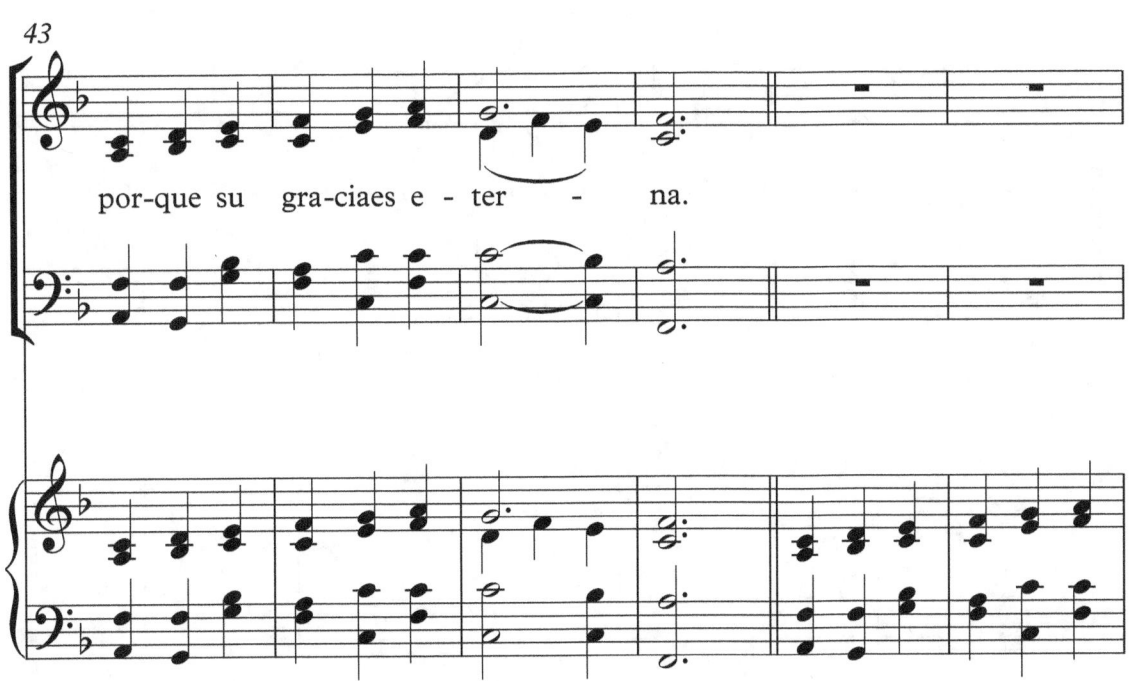

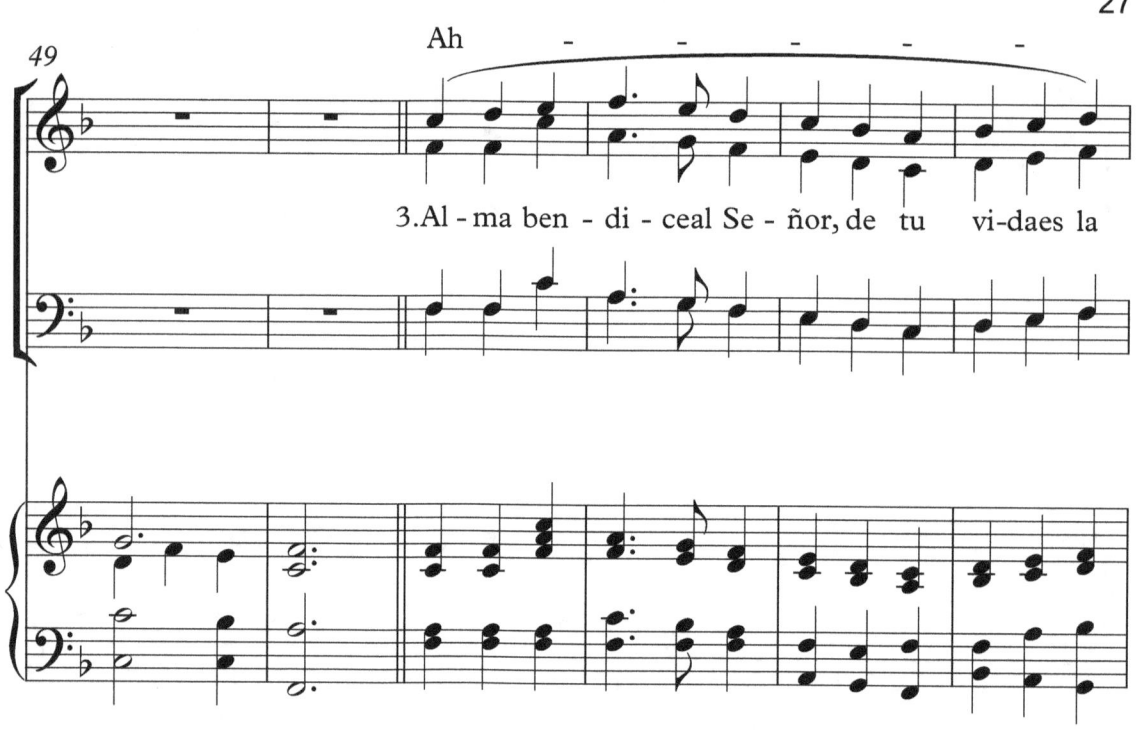
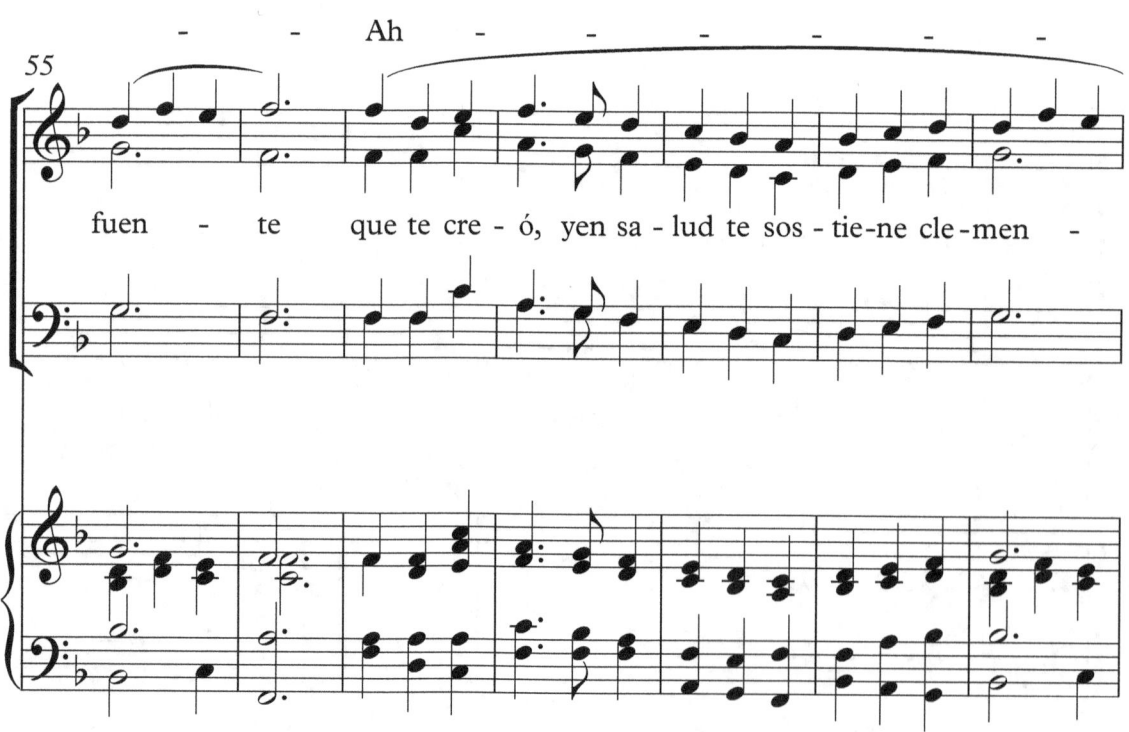

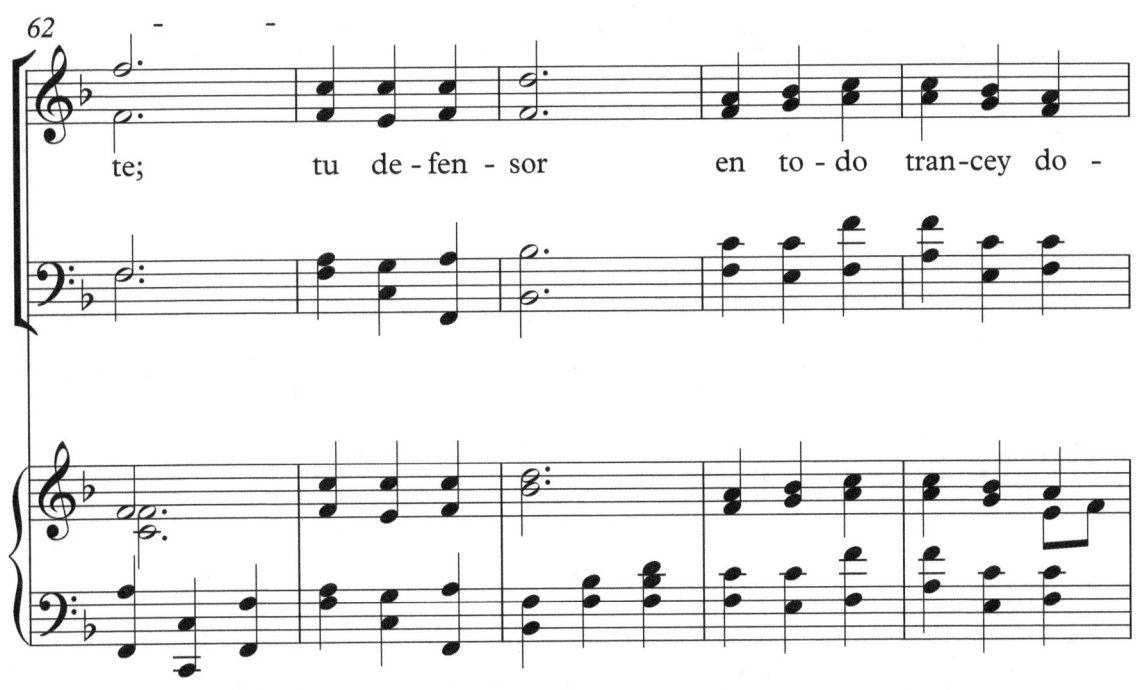
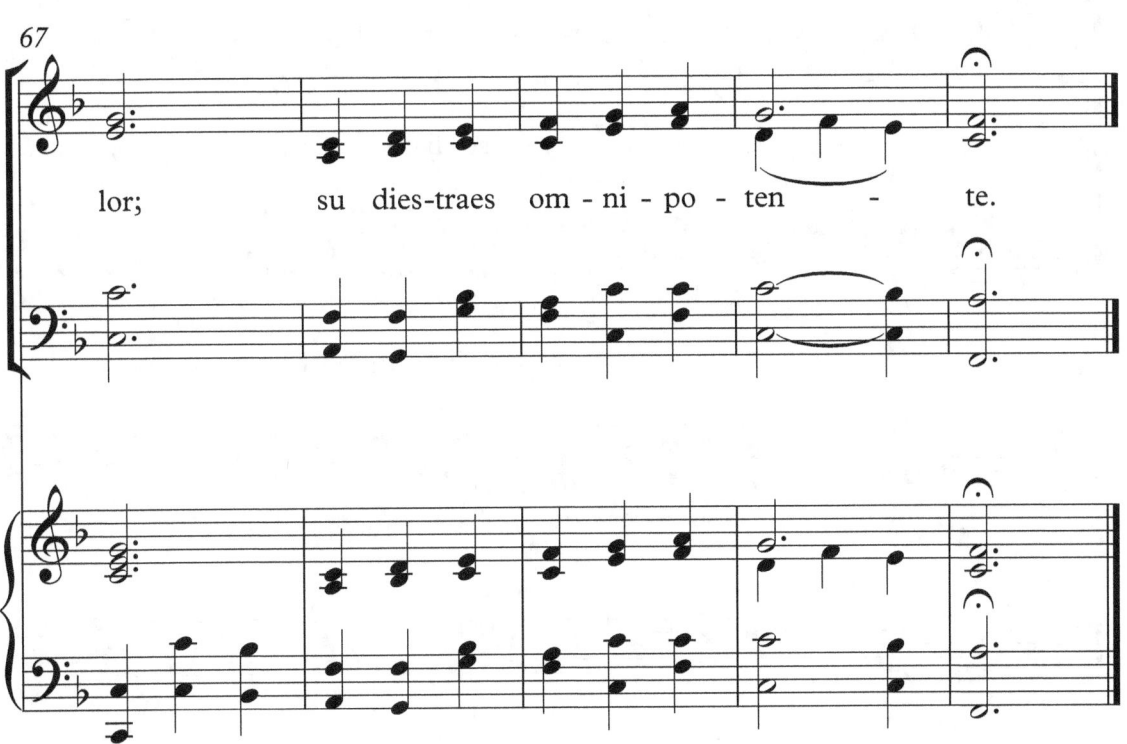

JAMAS SE DICE ADIOS ALLA
(Arreglo Coral)

Anónimo
John H Tenney

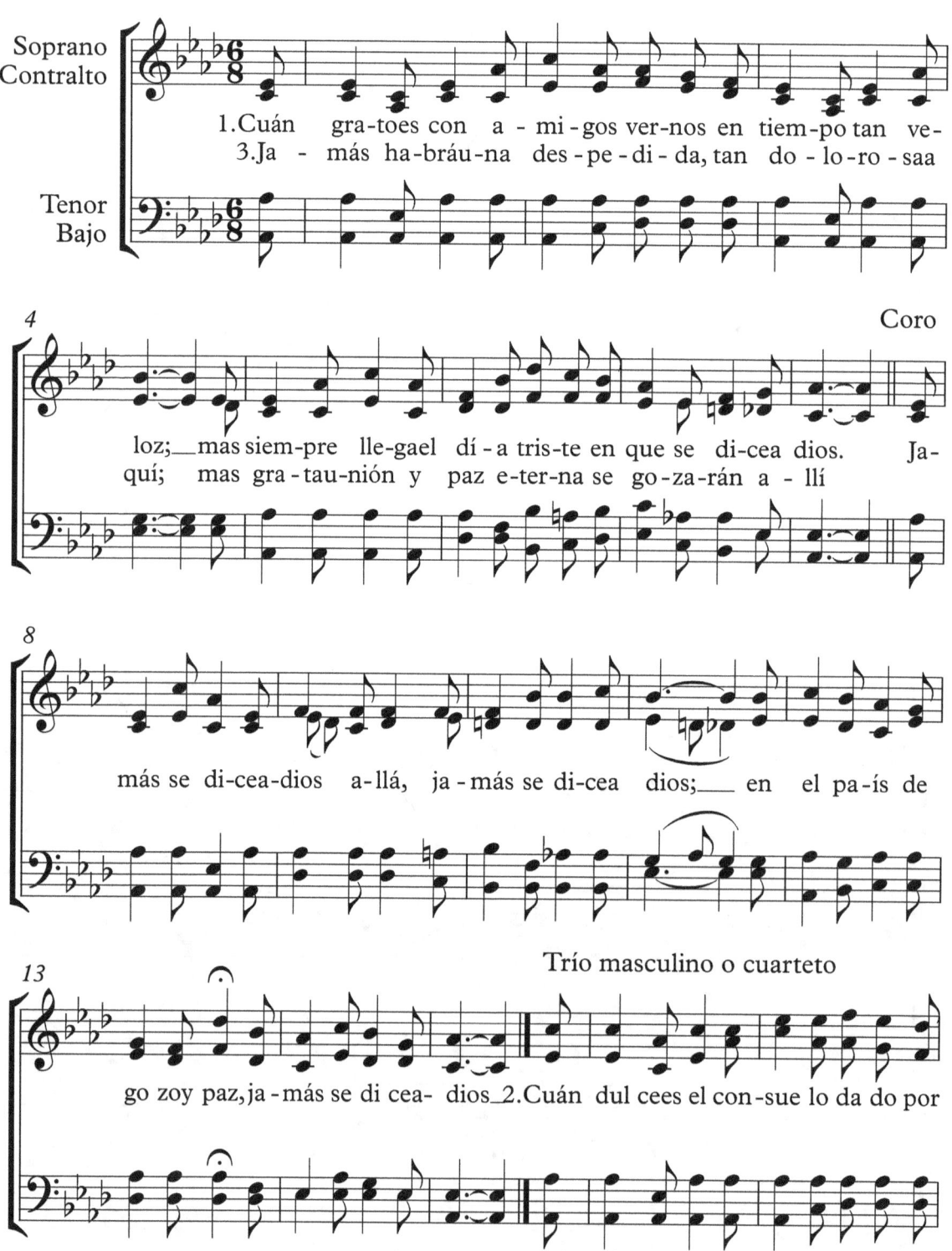

Copyright © 2022 by Rolando M. González

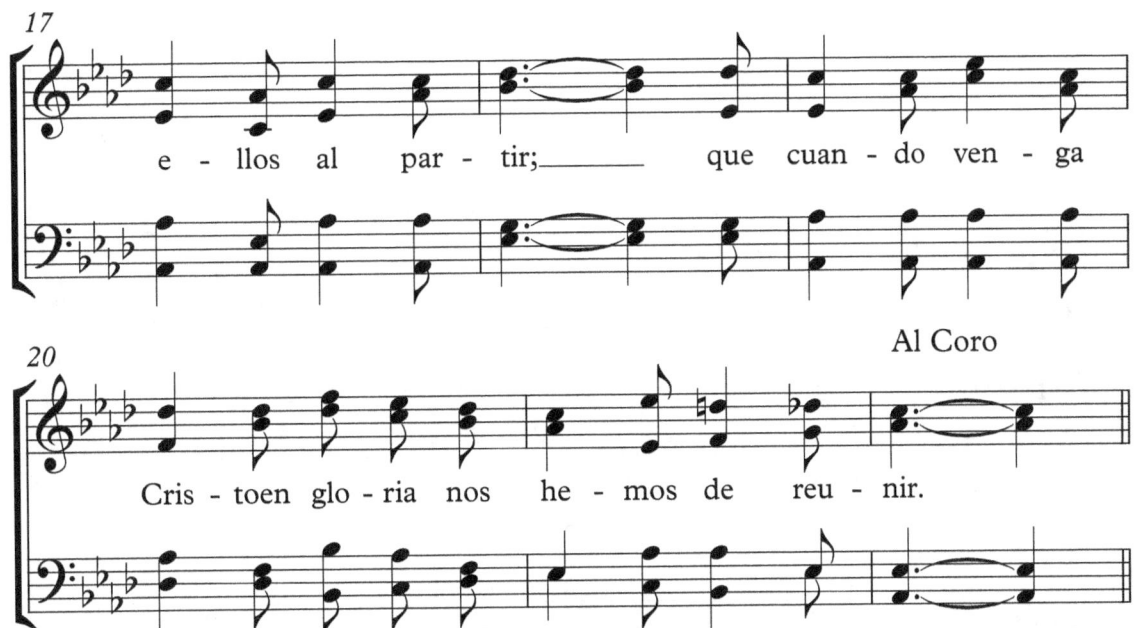

OH, TU FIDELIDAD

William M. Runyan

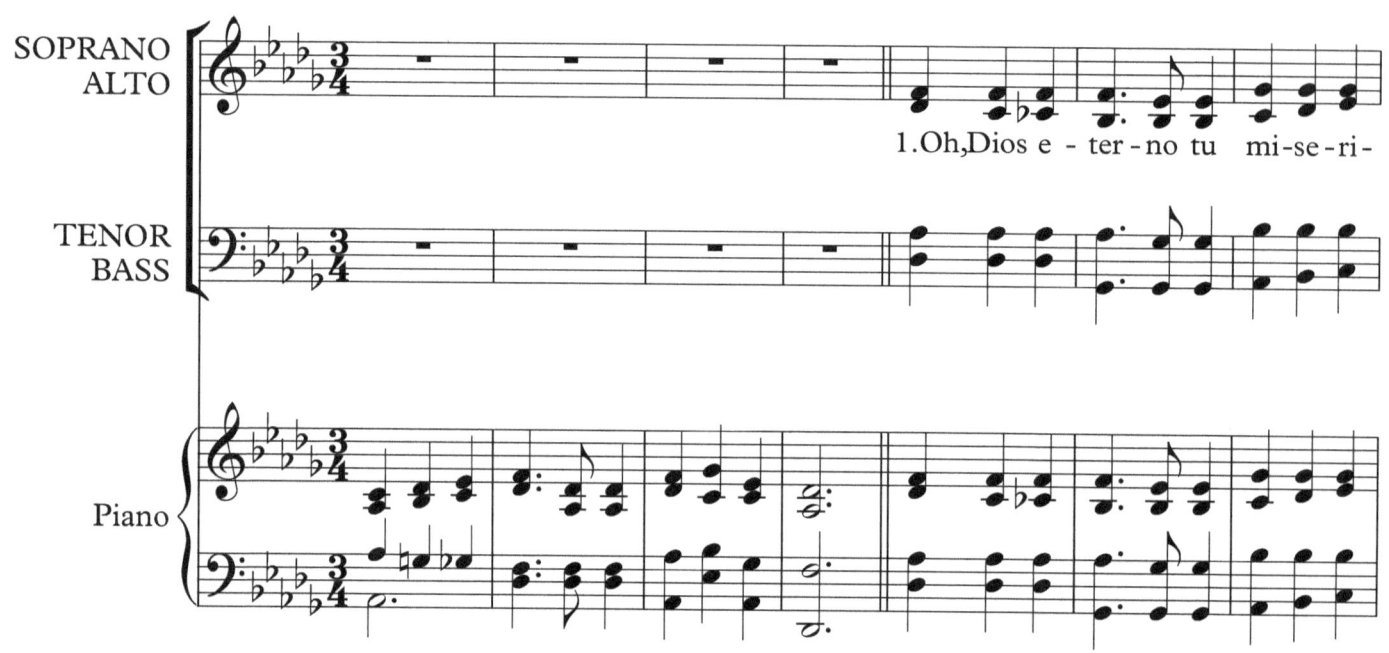

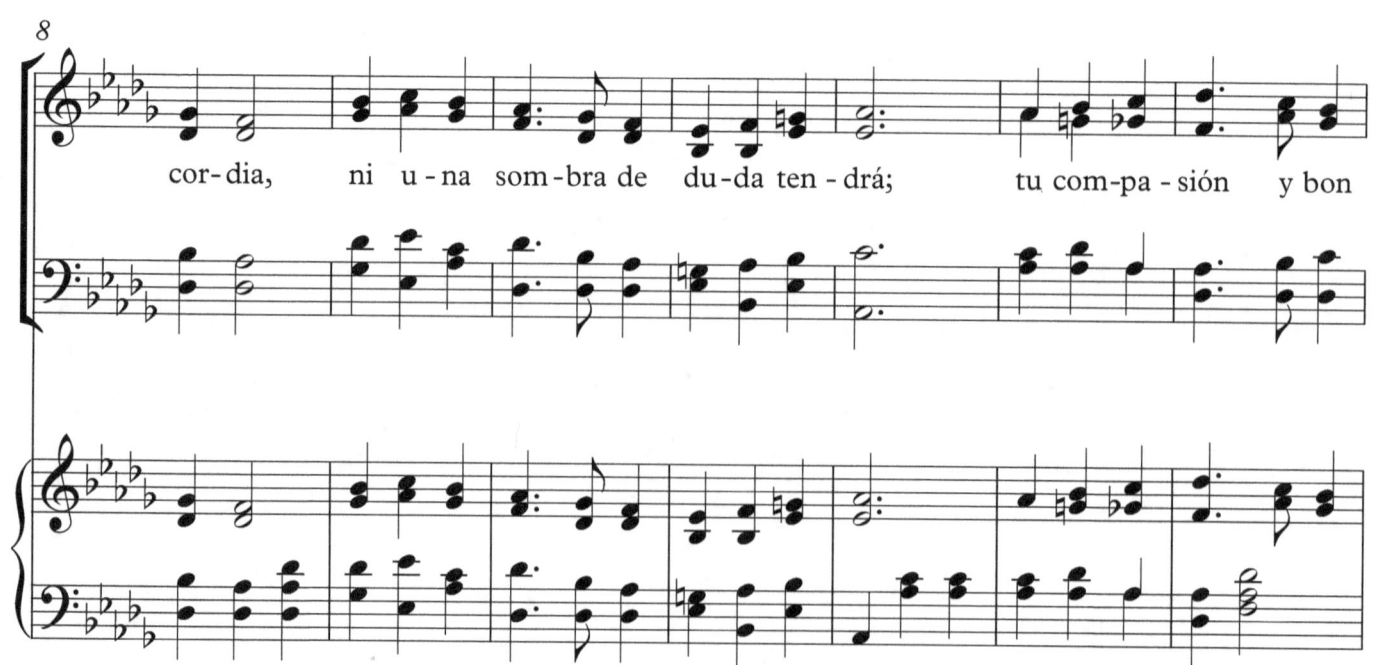

Copyright © 2023 by Rolando M. González. All rights reserved

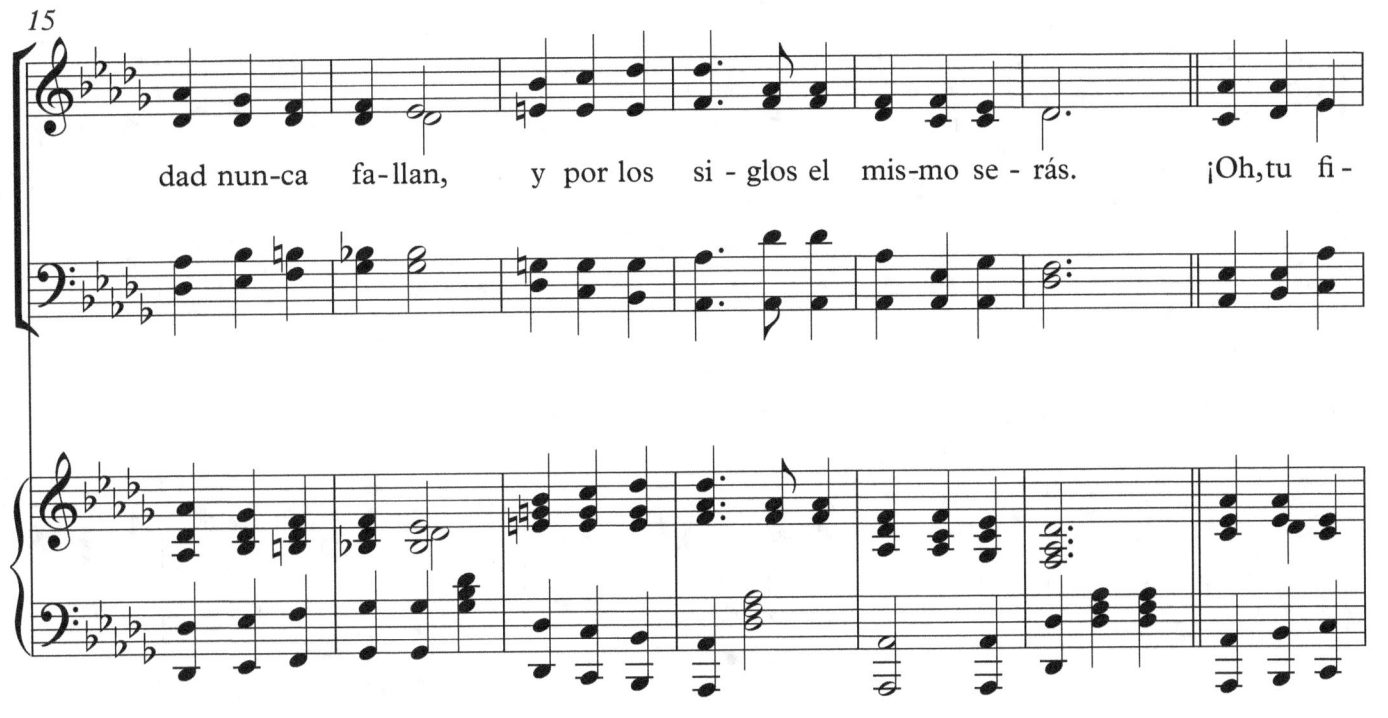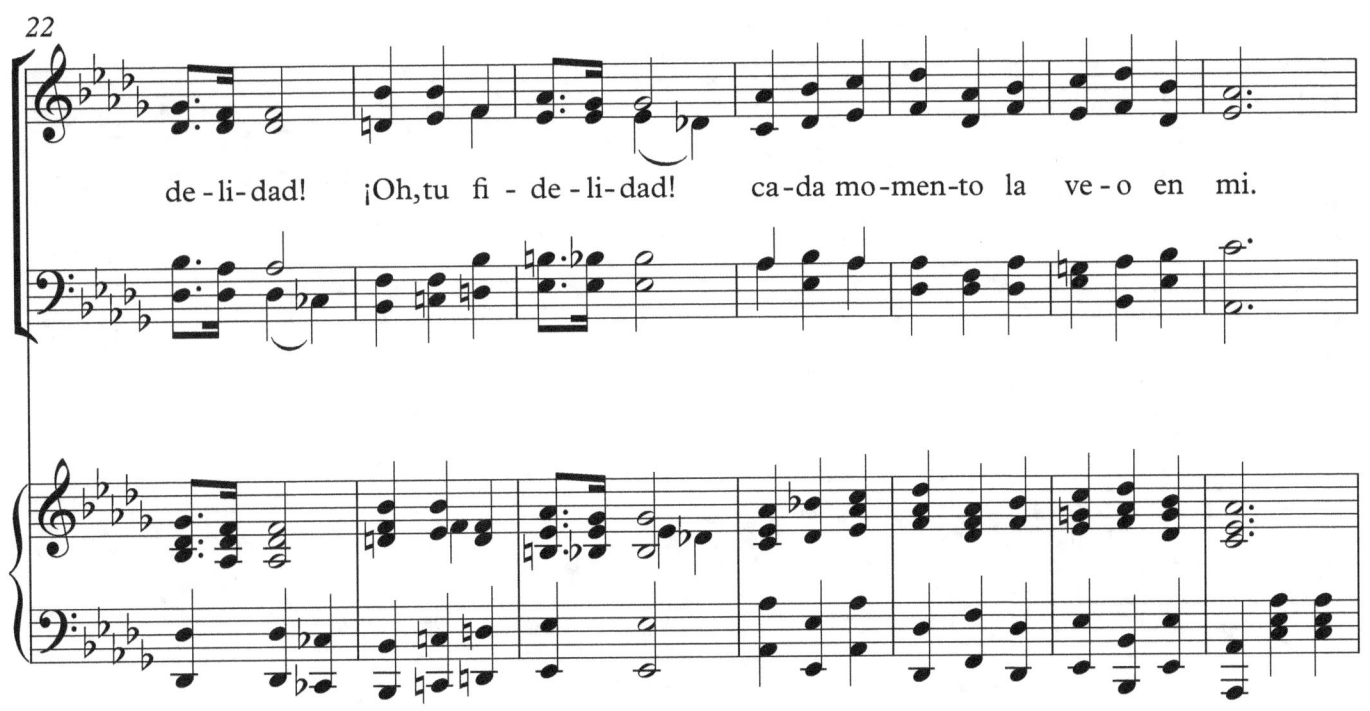

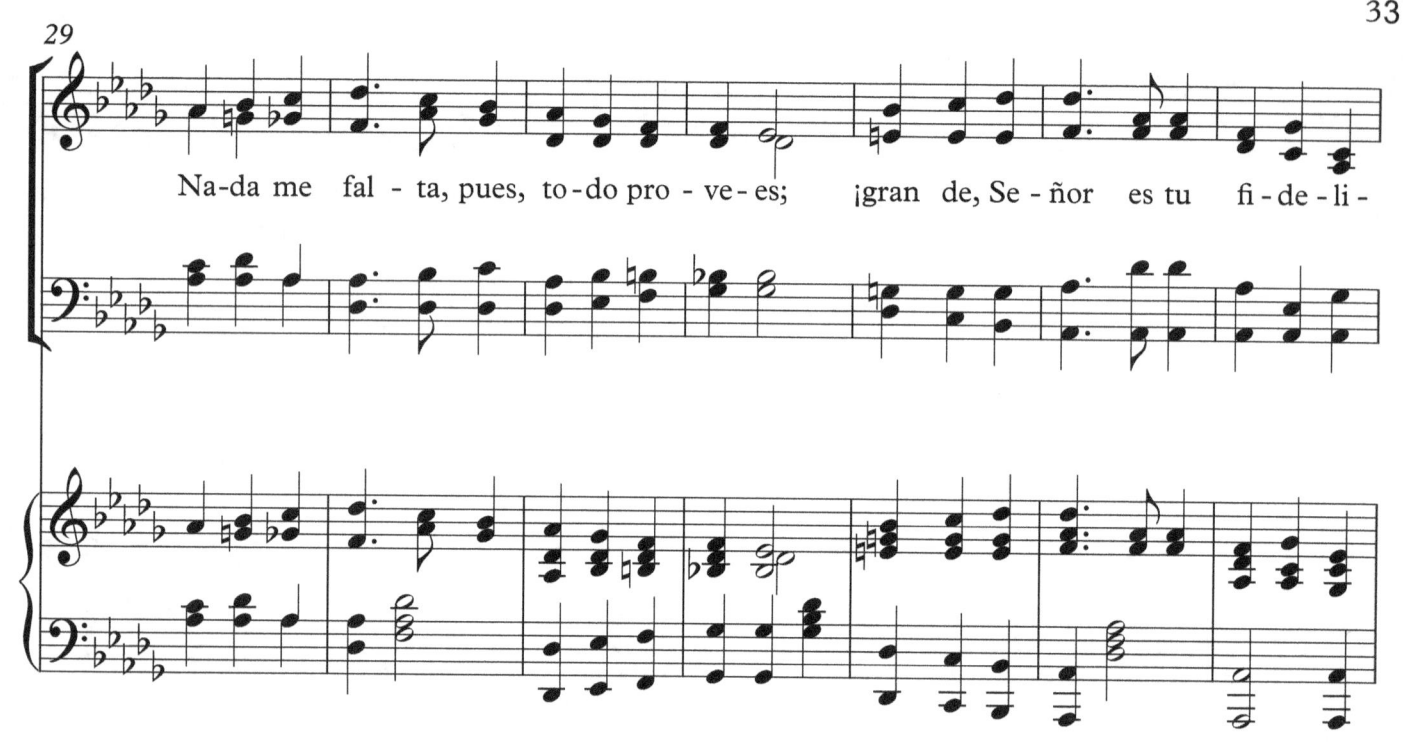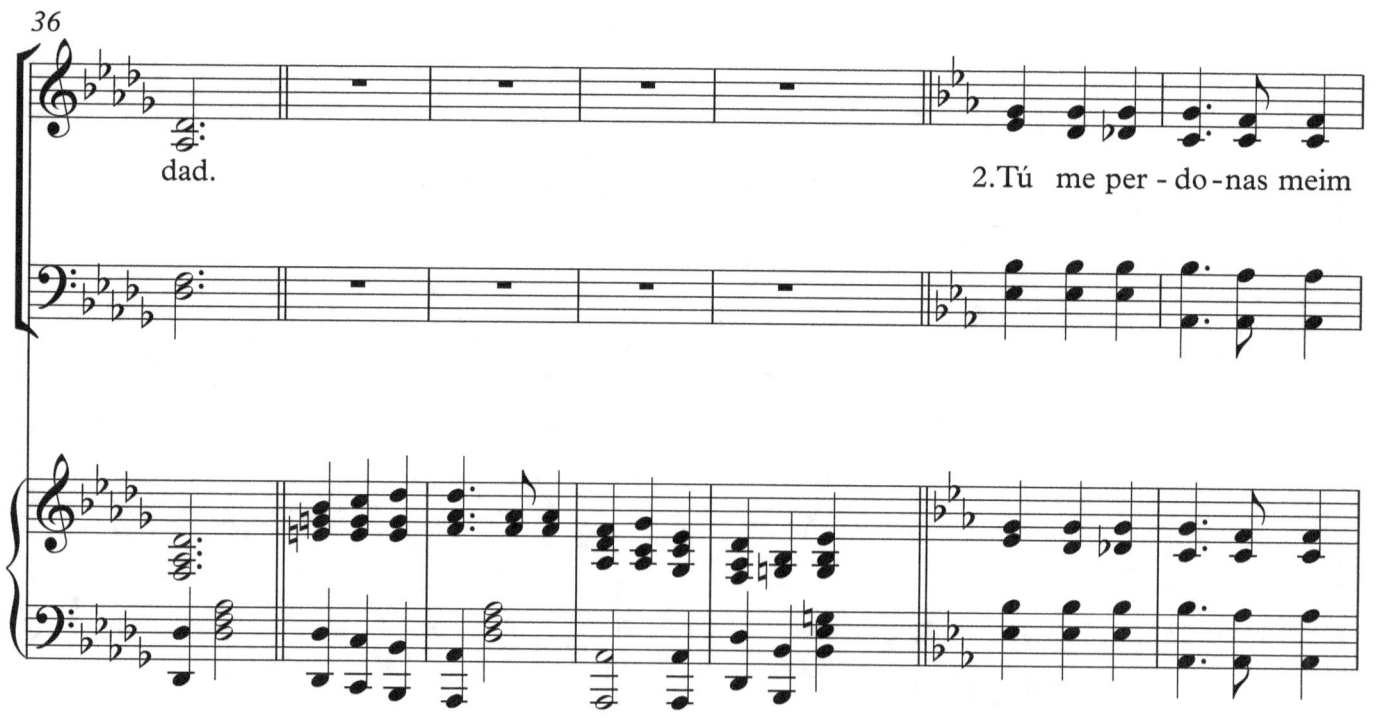

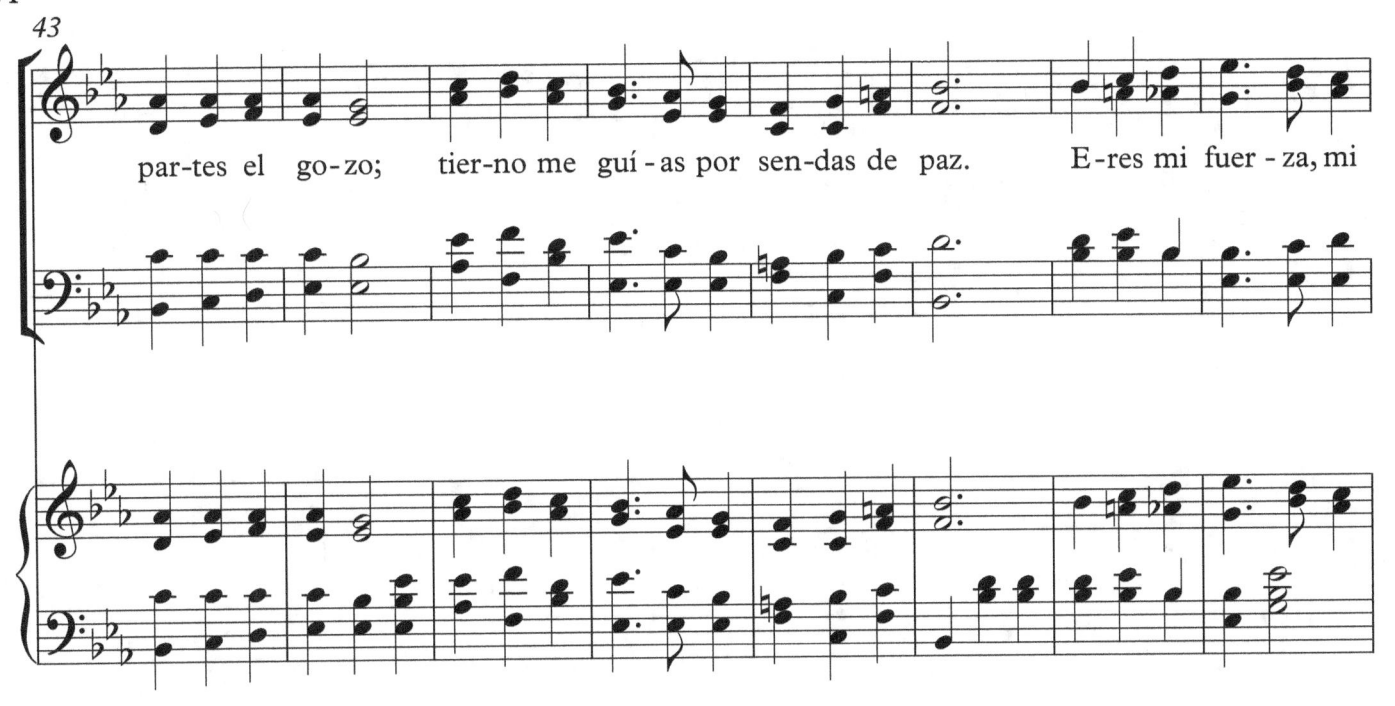
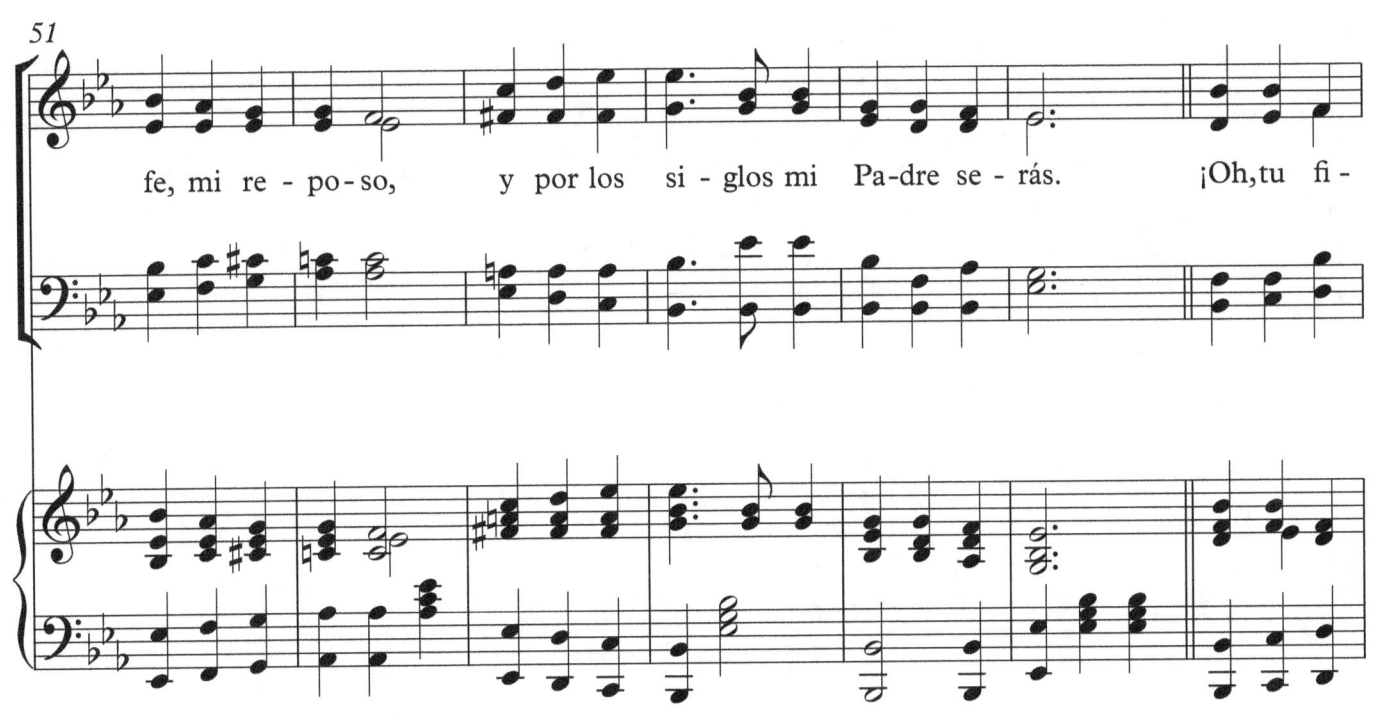

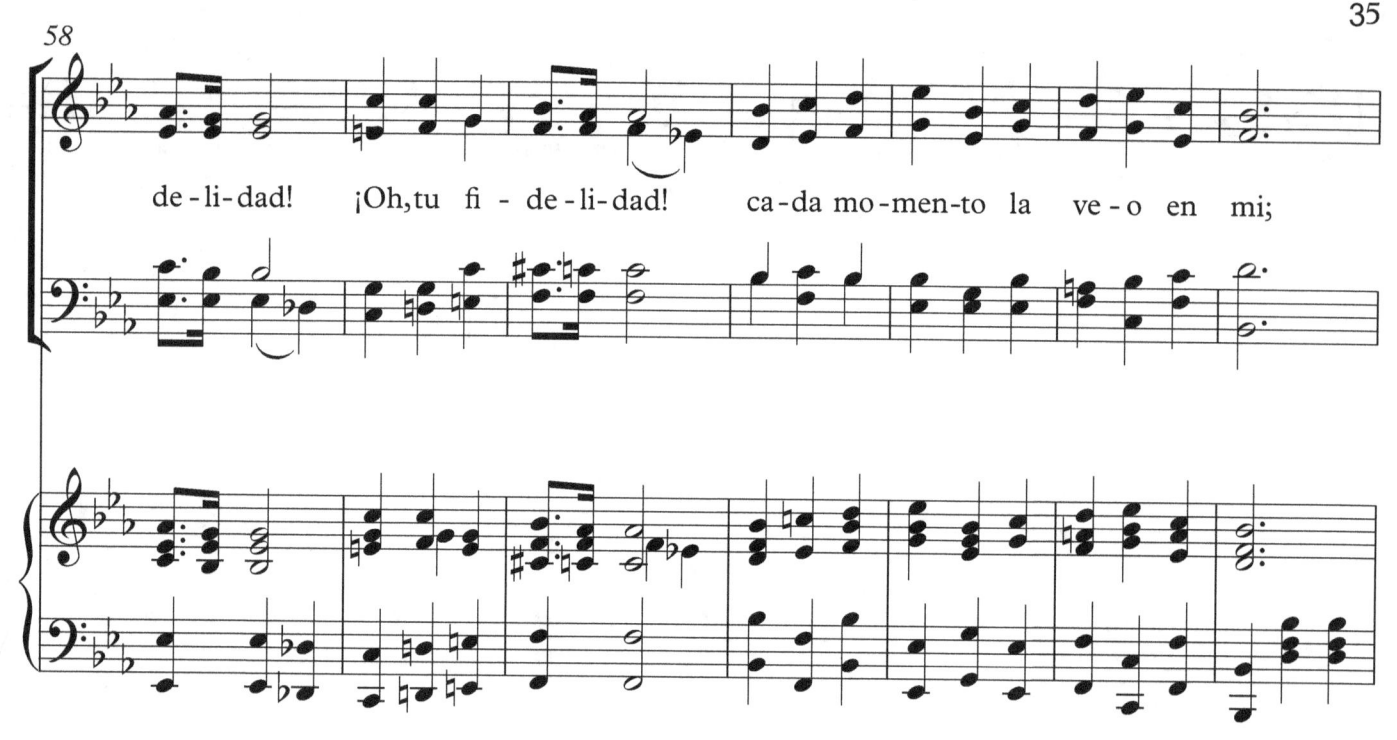
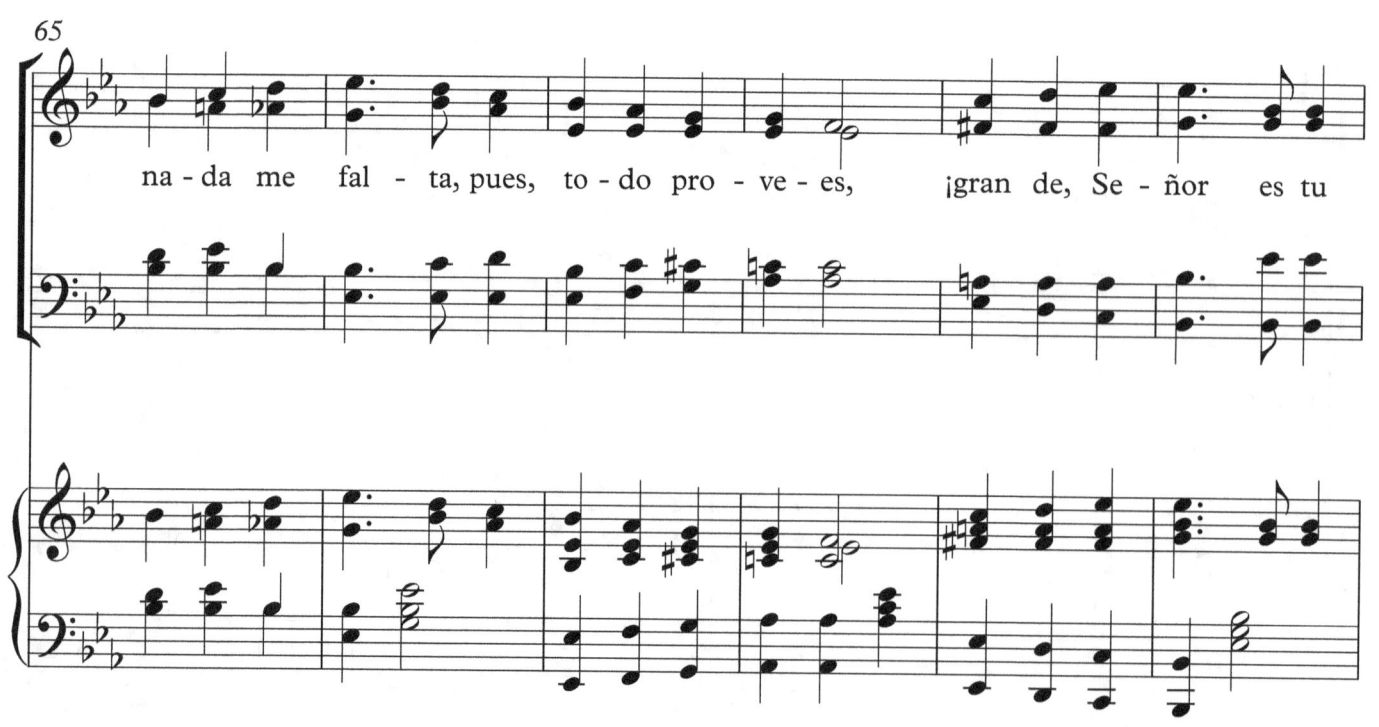

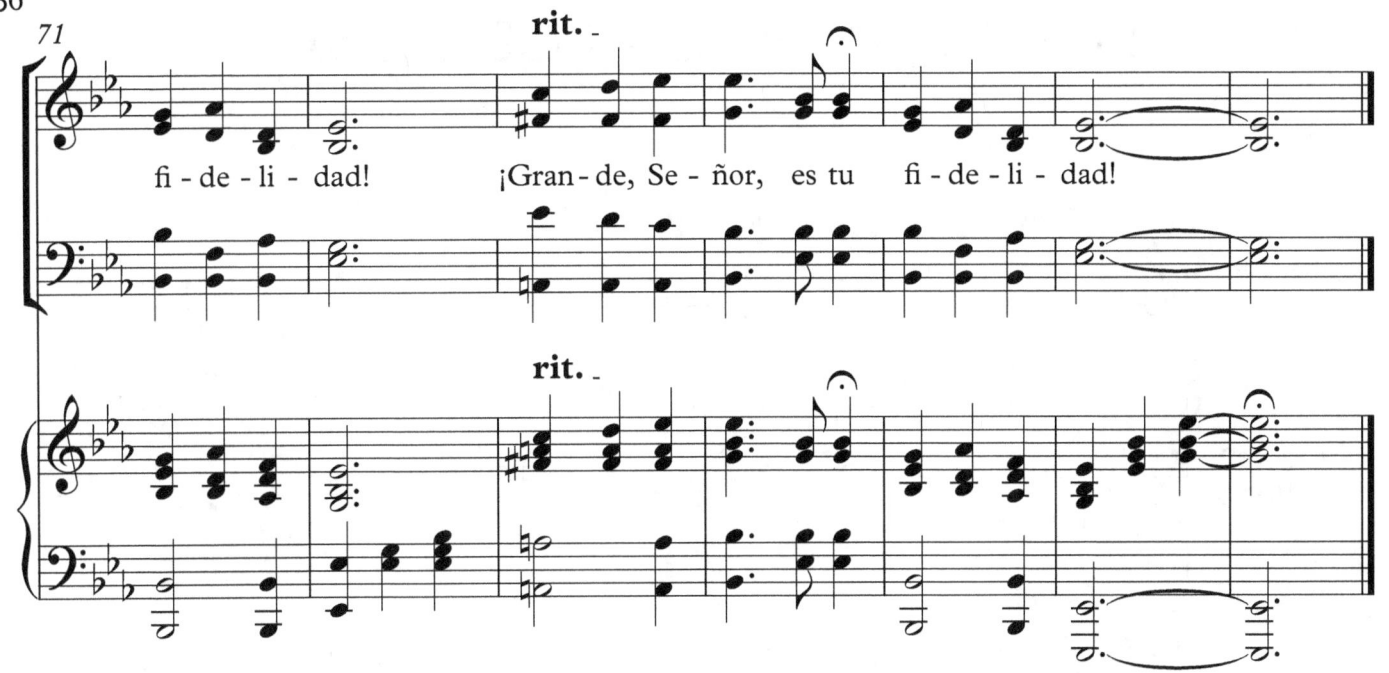

TENGO UN HOGAR CELESTIAL

Tradicional

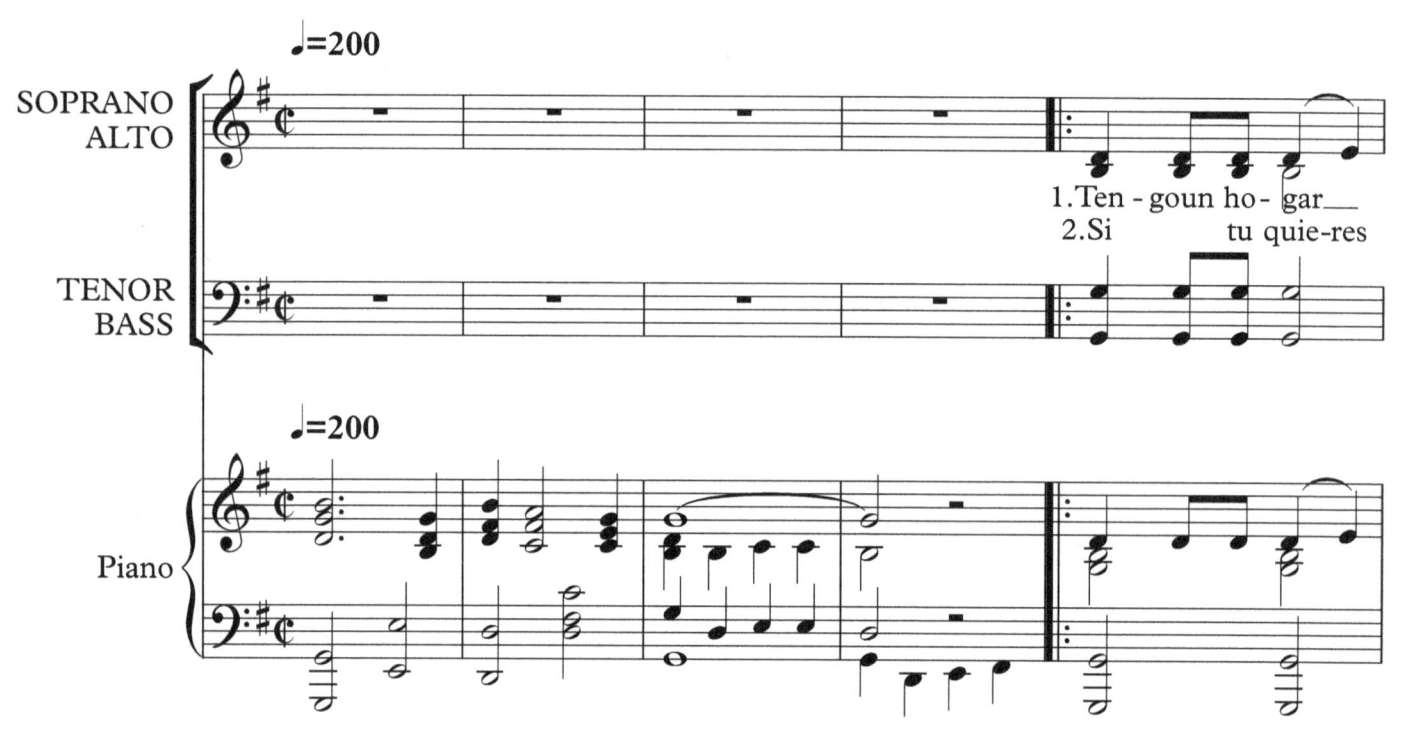

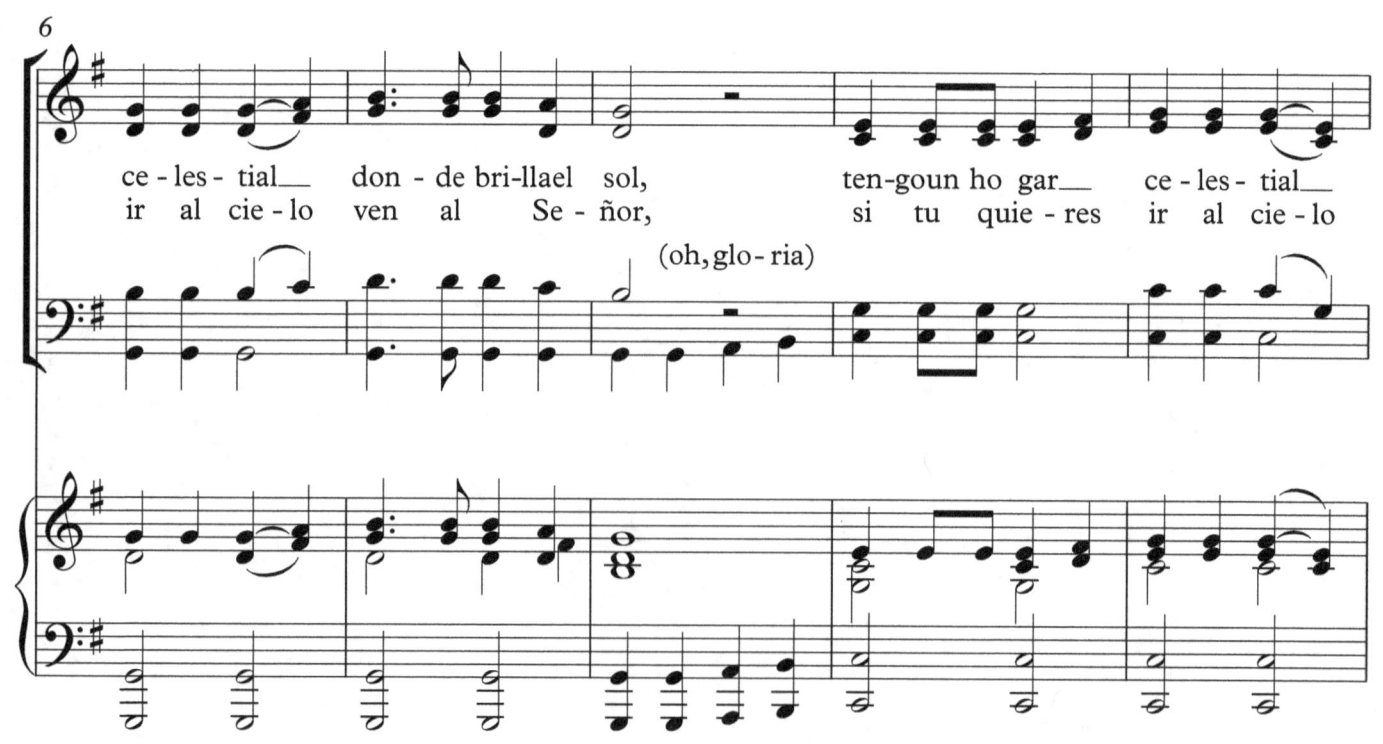

Copyright © 2023 by Rolando M. González. All rights reserved

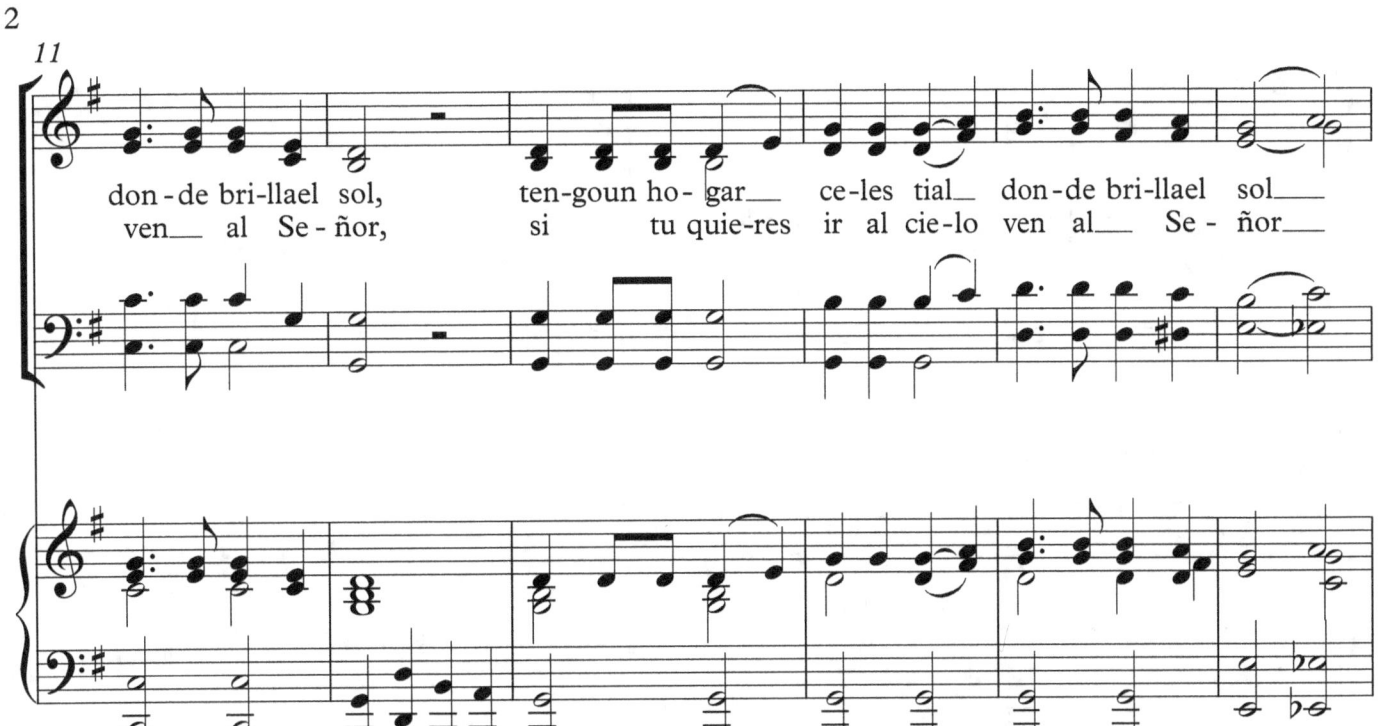
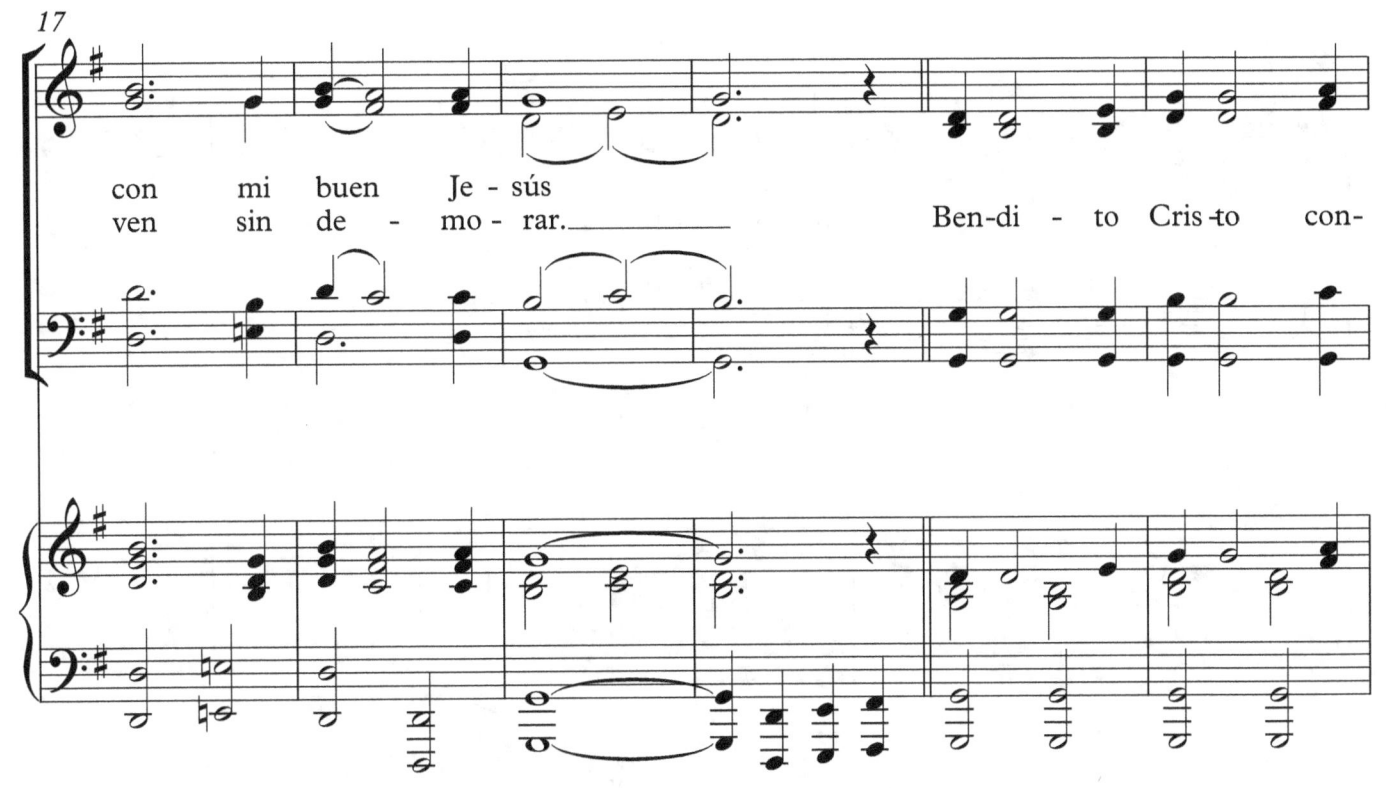

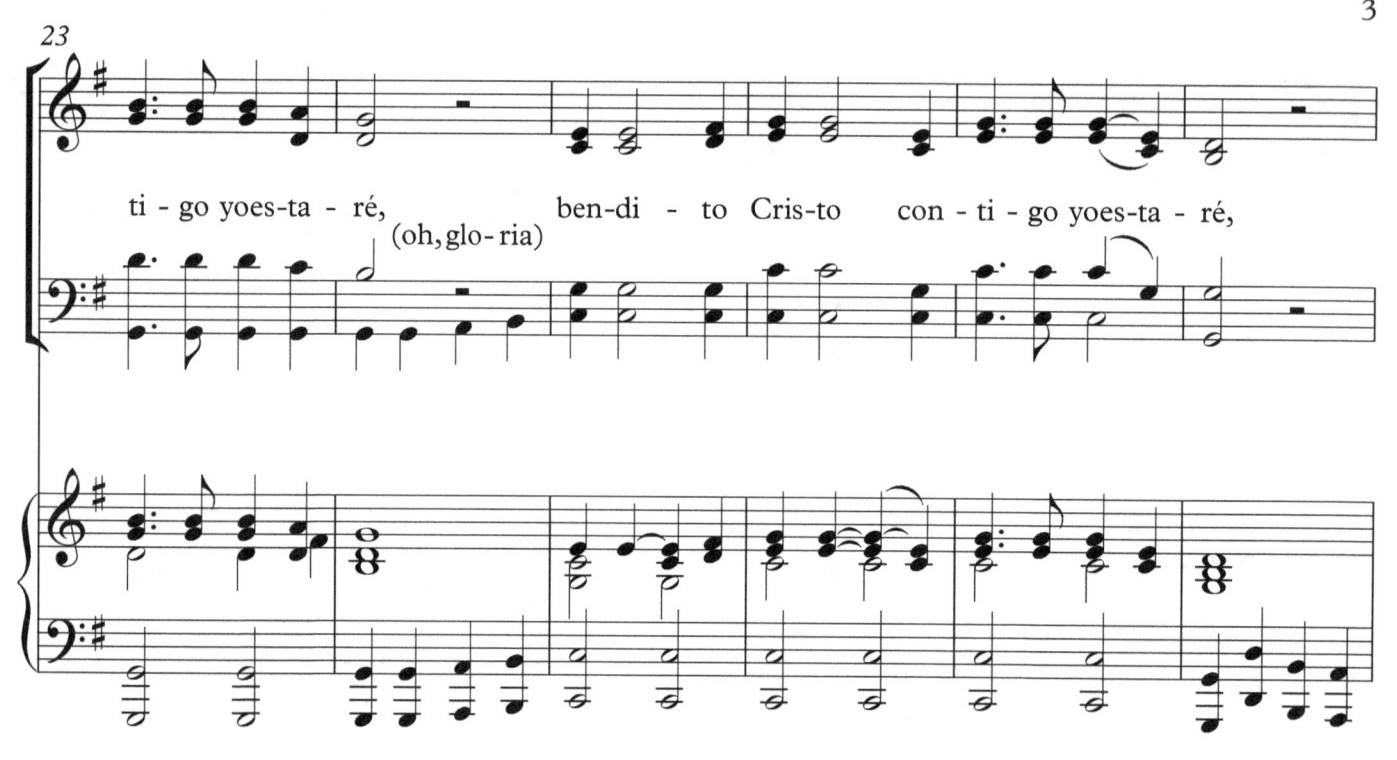
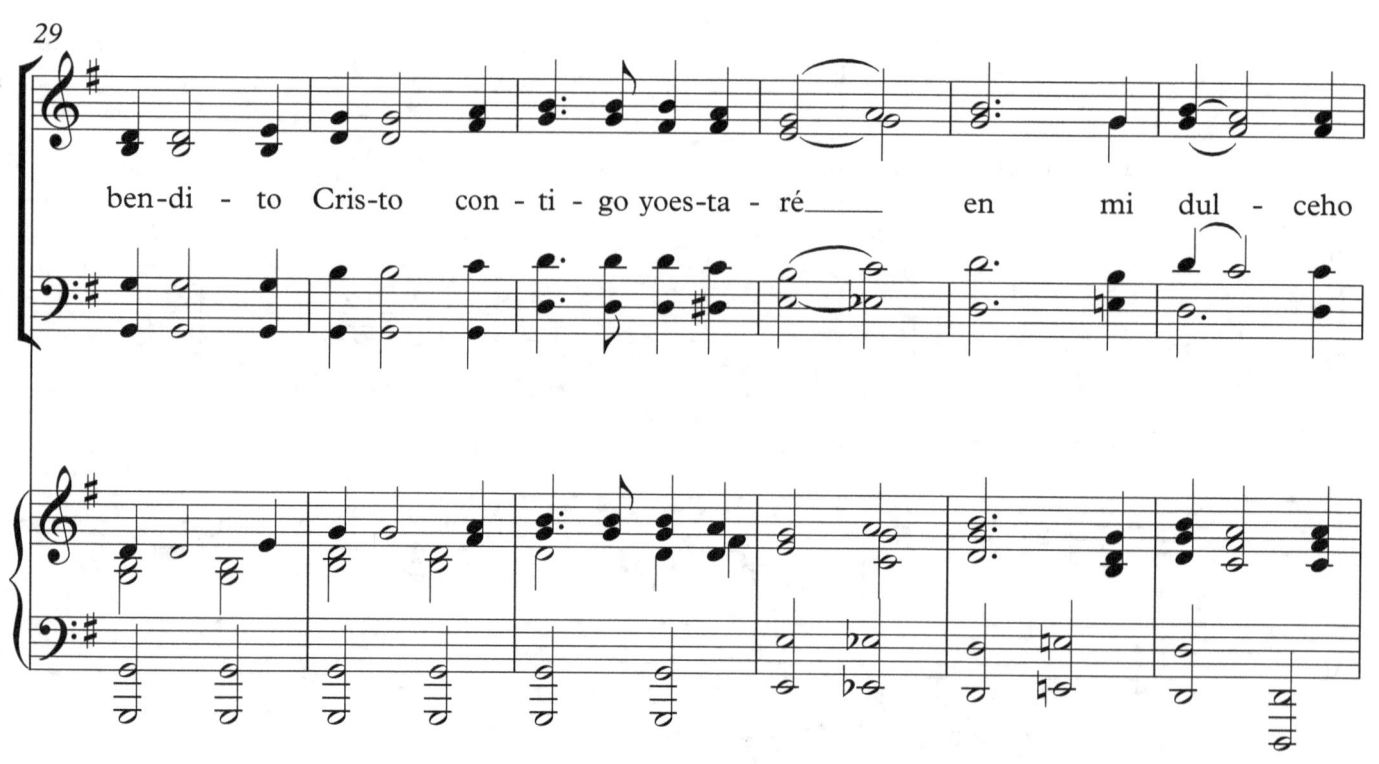

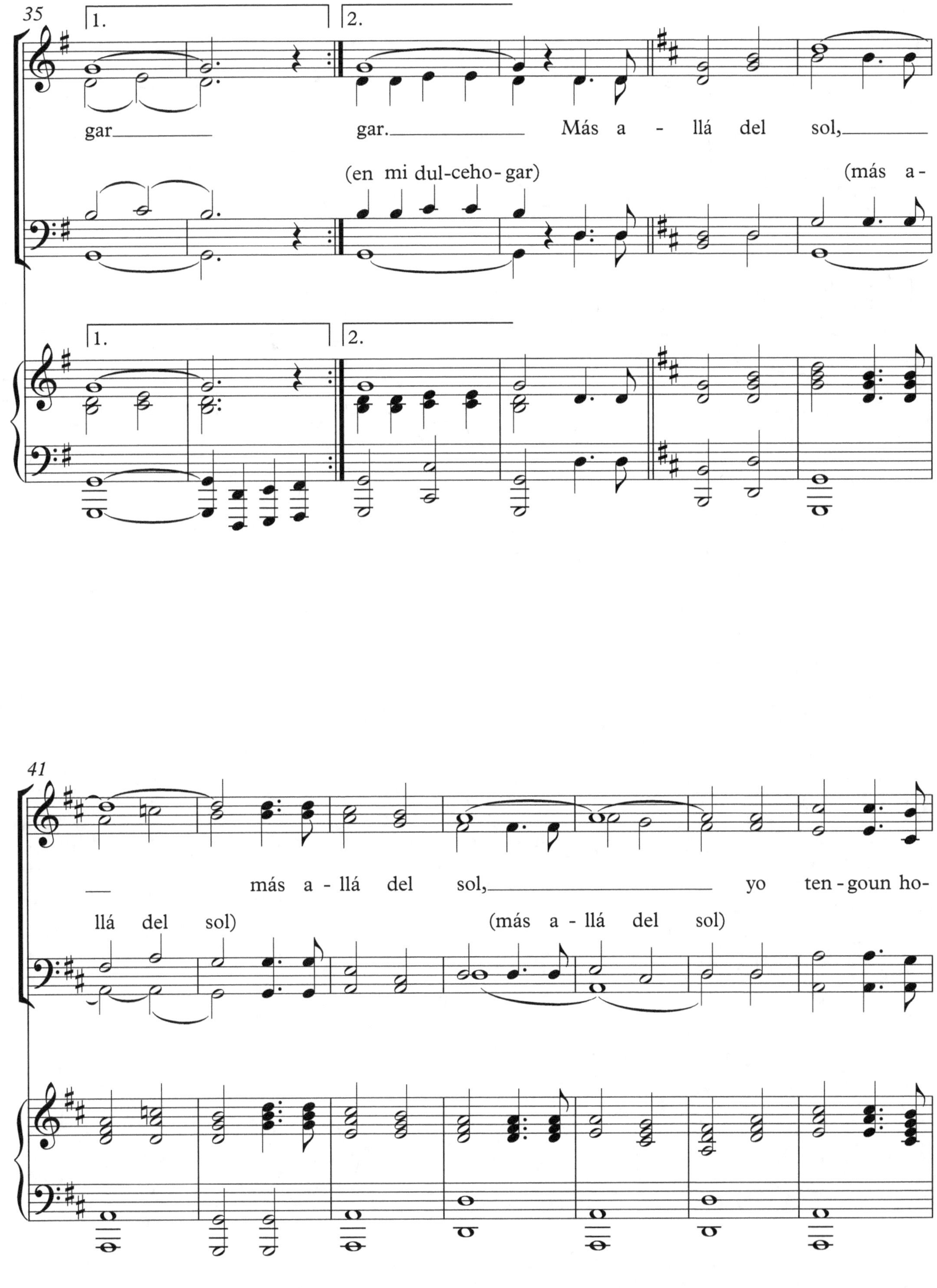

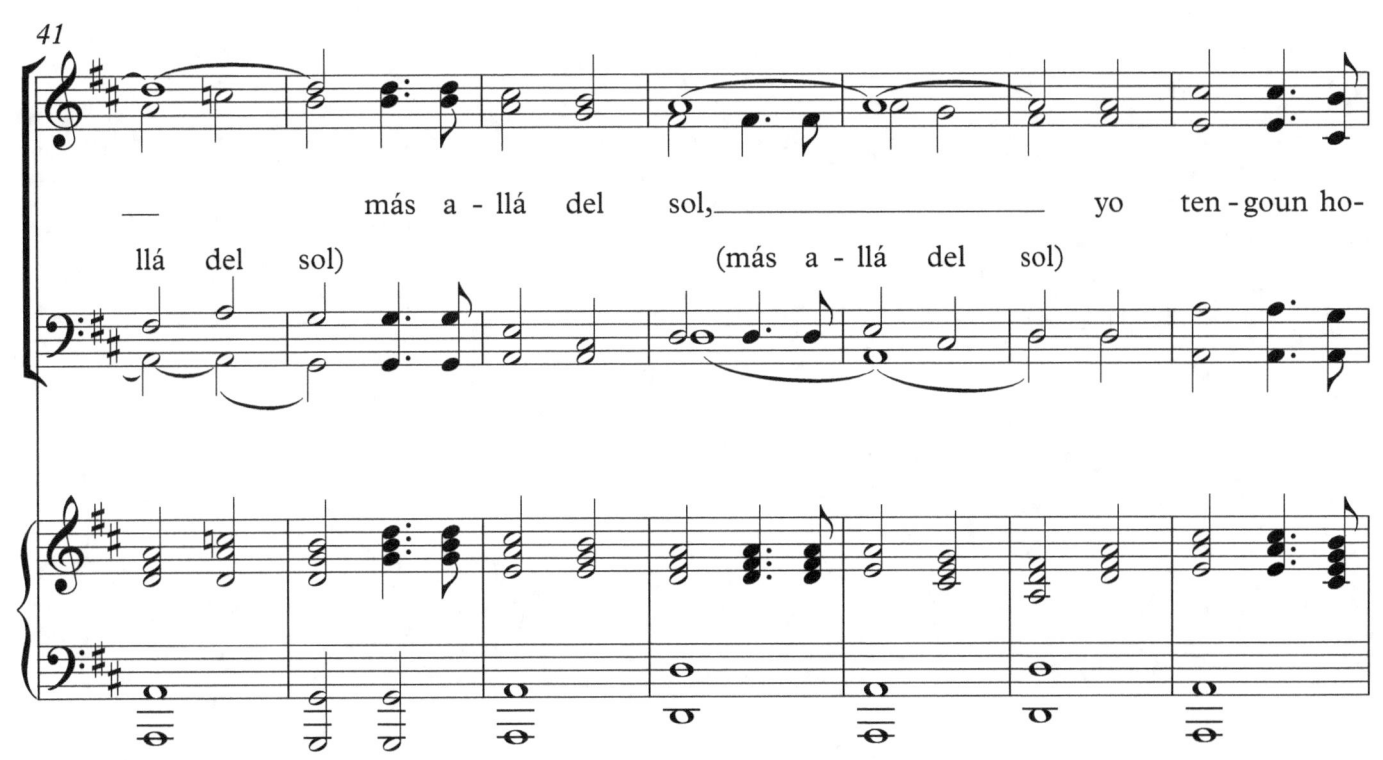

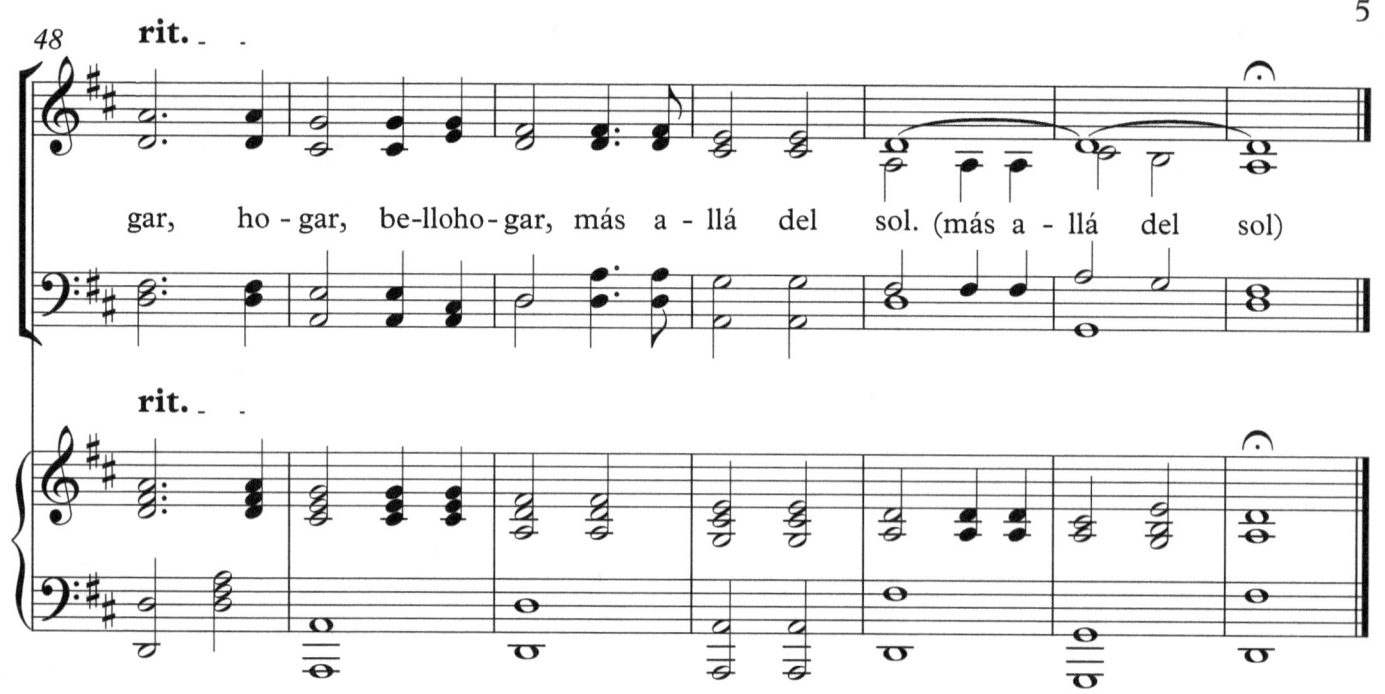

¡SEÑOR, YO TE CONOZCO!

José Zorrilla   Gesangbuch der Herzogl

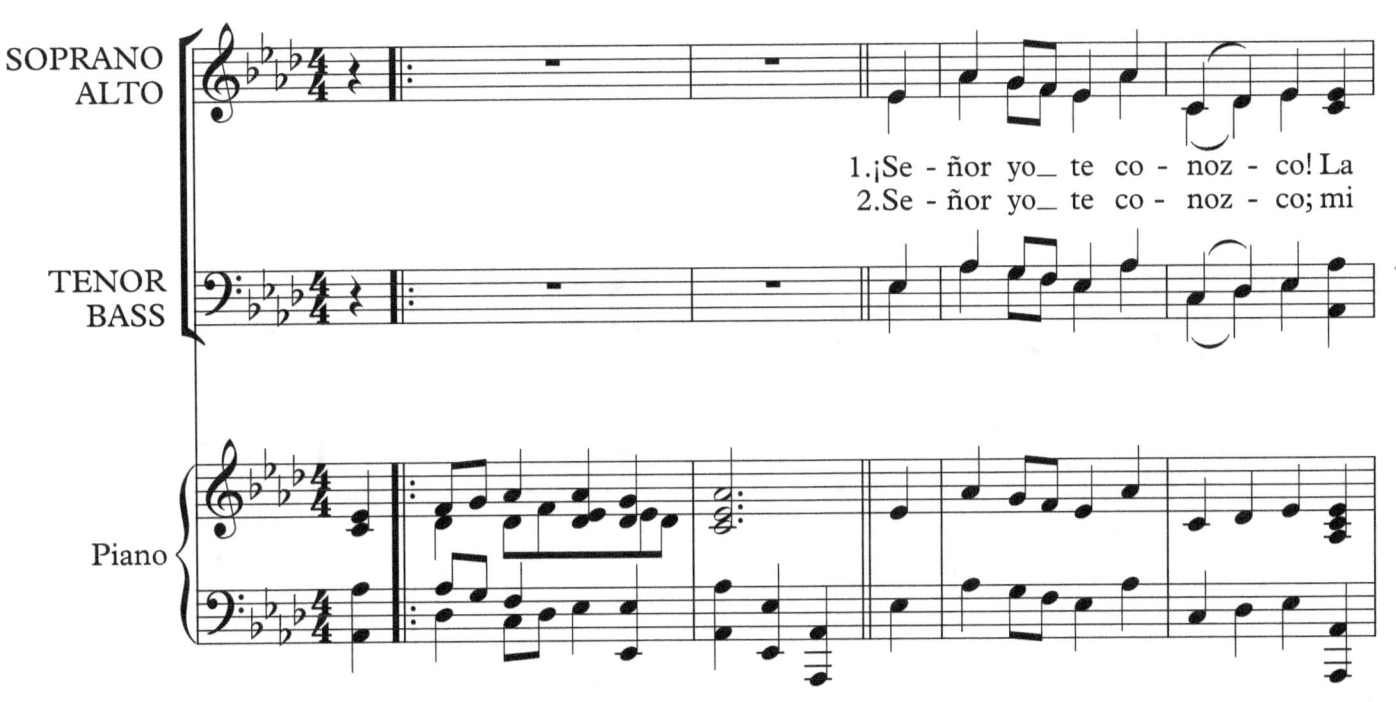

1. ¡Se-ñor yo te co-noz-co! La no-che a-zul, se-re-na, me di-ce des-de le-jos: "Tu Dios se es-con-de a-
2. Se-ñor yo te co-noz-co; mi co-ra-zón te a-do-ra, mi es-pí-ri-tu de hi-no-jos an-te tus pies es-

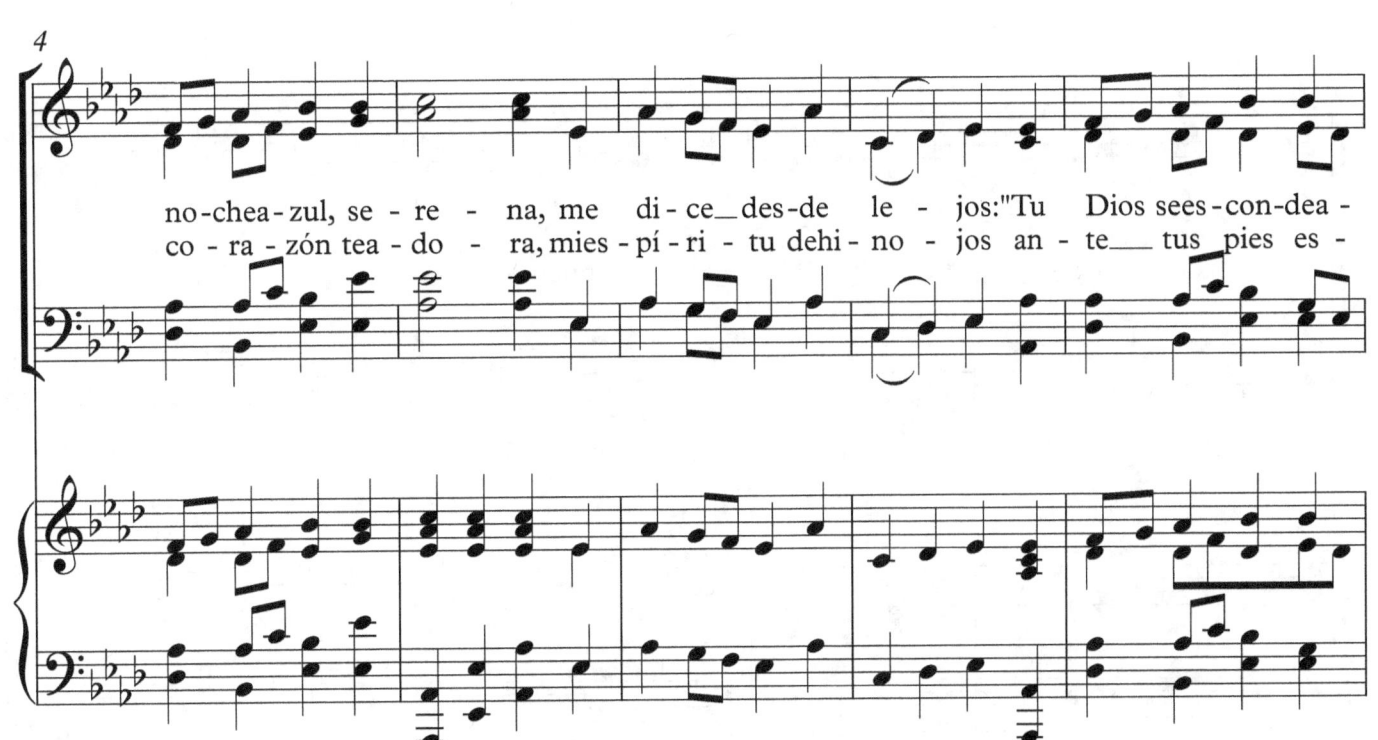

Copyright © 2023 Rolando M. González. All rights reserved

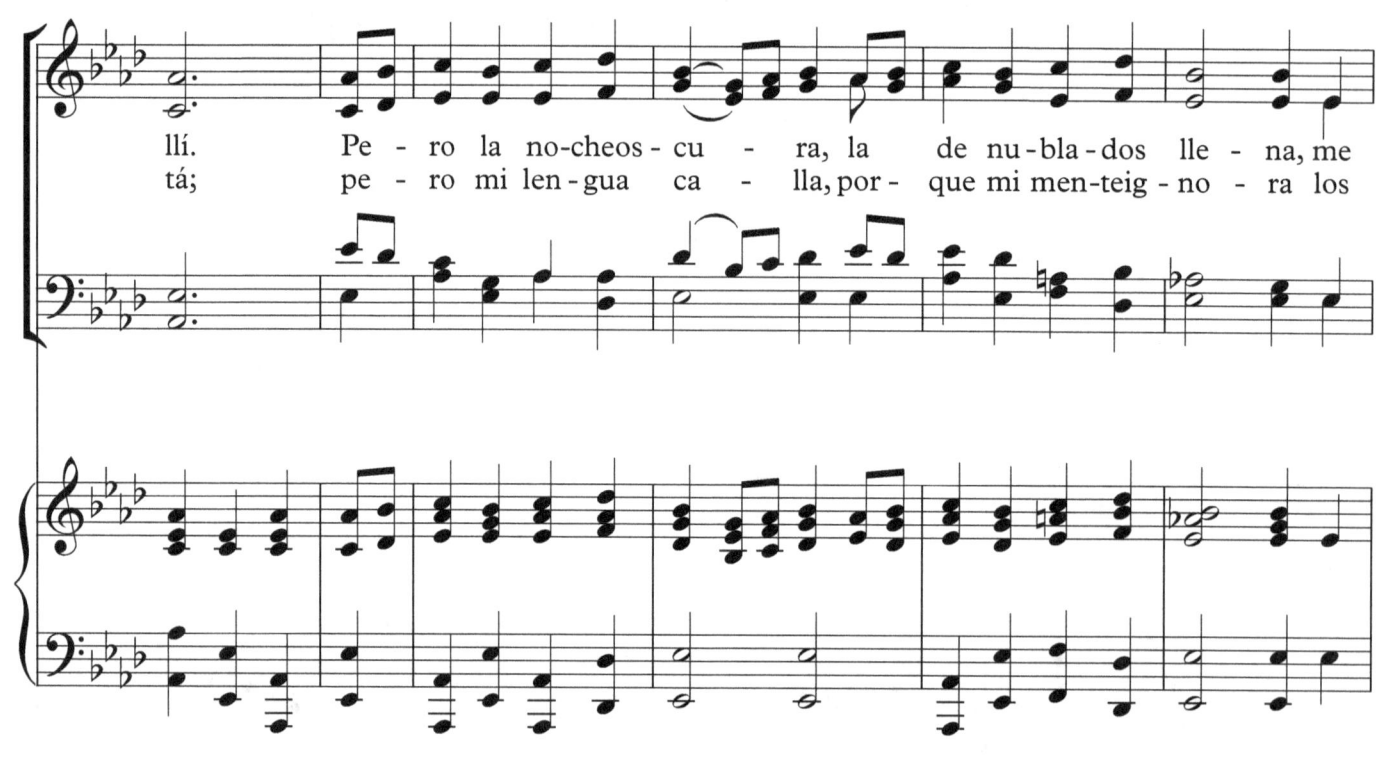
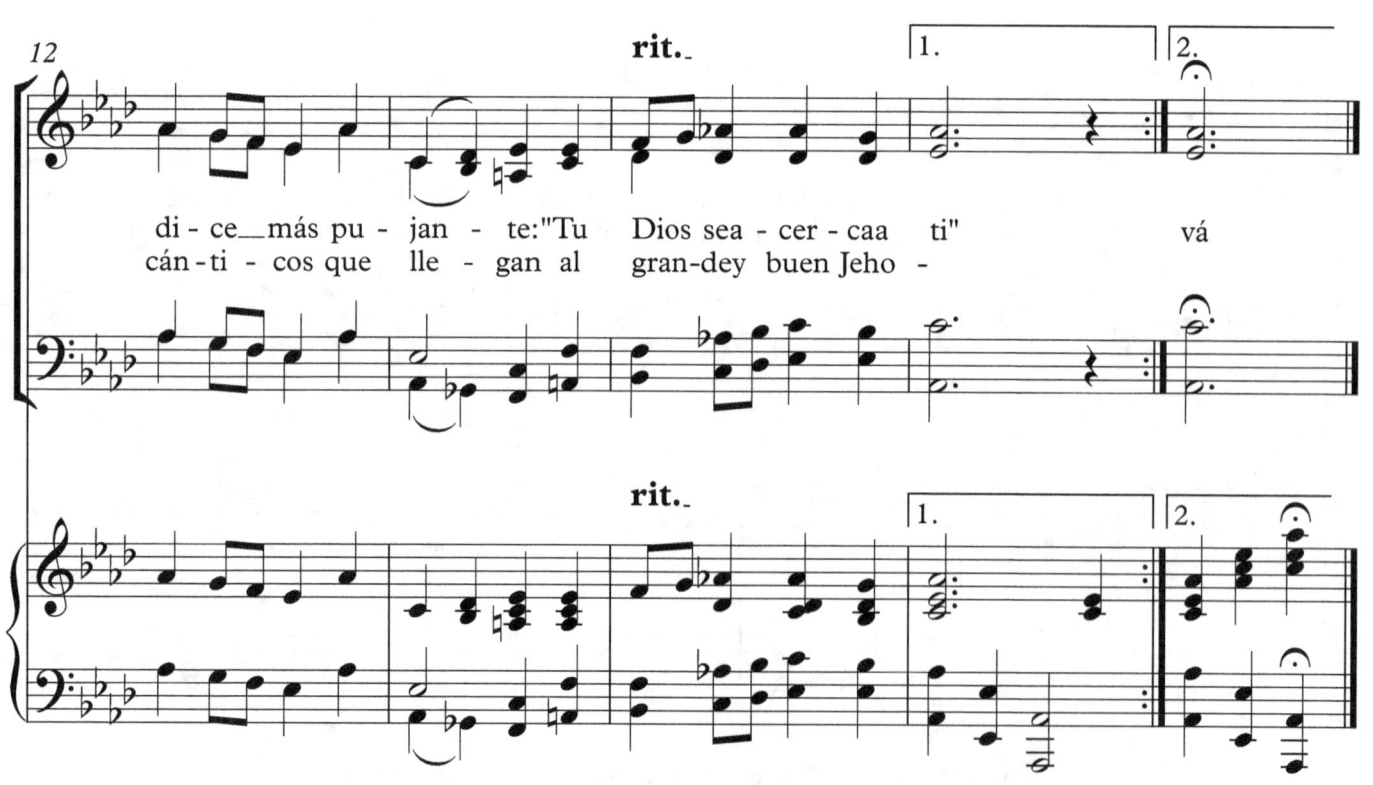

HAY SOLO UN NOMBRE

H. Reza
Lela B. Long

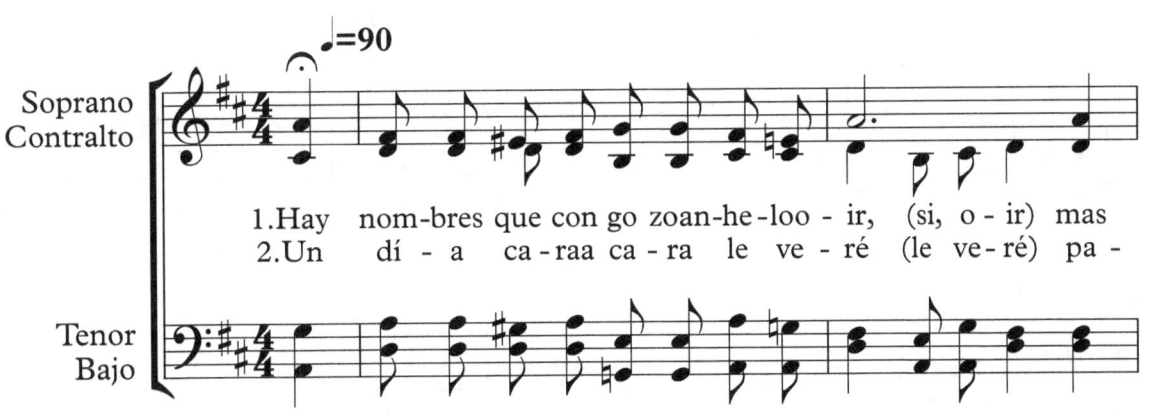

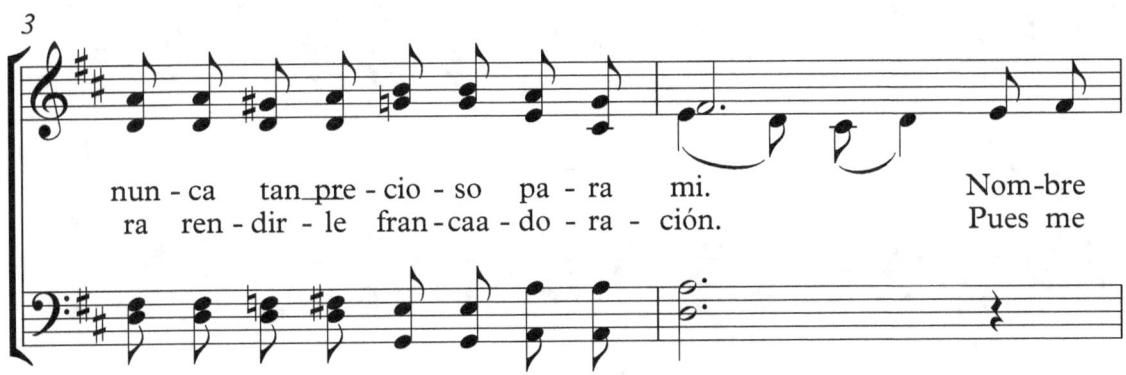

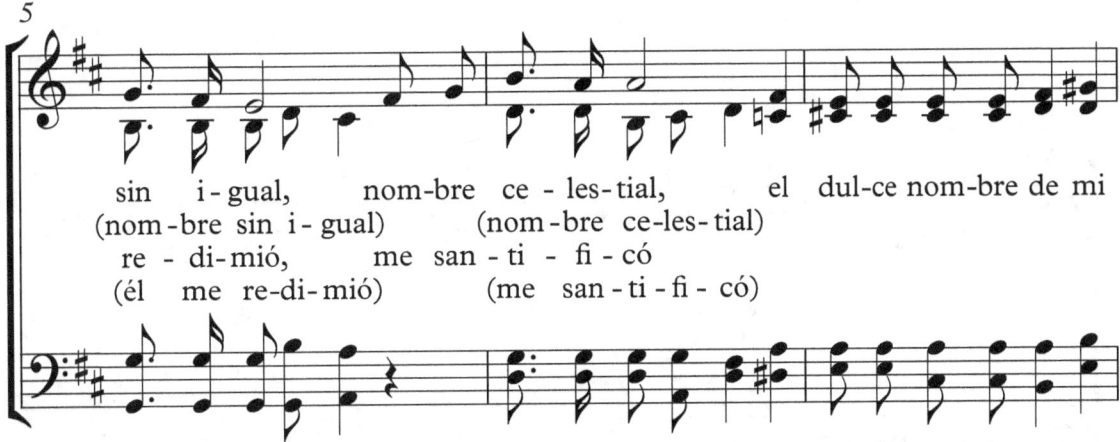

Copyright © 2023 Rolando M. González. All rights reserved

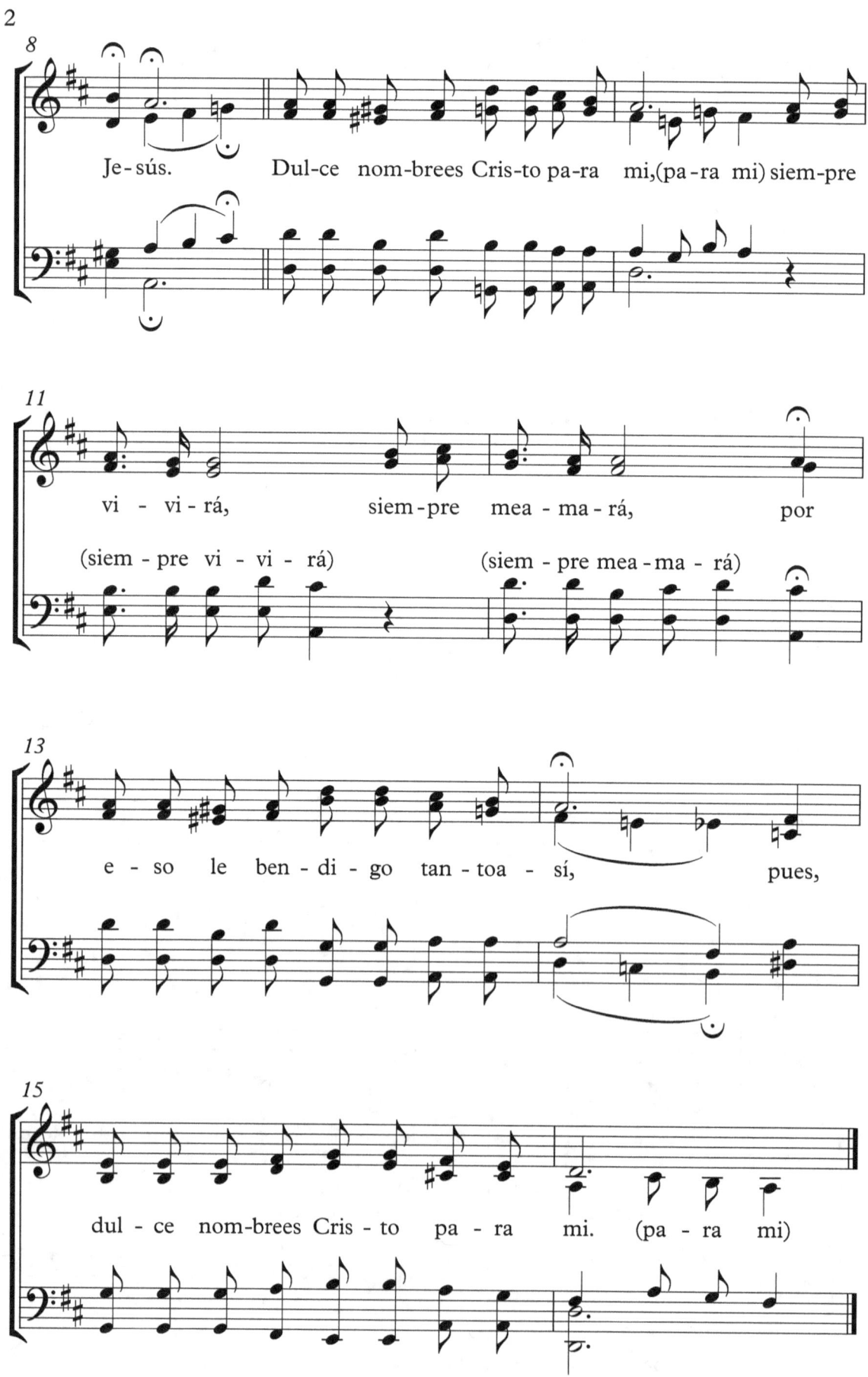